Carignan

Condé-Northen

Soultz

Niedermorschwihr

Dijon

Verrières-de-Joux

Châtenay

Joyeux

Champagny

Tence

iole

Grignan

Avignon

Nizza

Le Sambuc

Sartène

SARAH WIENER

Meine kulinarische Reise durch Frankreich

EINE LIEBESERKLÄRUNG MIT REZEPTEN

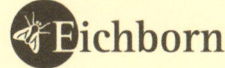

Eichborn

Sarah Wiener, geboren am 27. August 1962 in Halle/Westf., beginnt im Lokal ihres Vaters »Exil« in Berlin ihre Kochkarriere und betreibt ab 1990 ein Filmcatering. 2004 spielt sie die Rolle der Koch-Mamsell in der Doku-Fiktion Abenteuer 1900 – *Leben im Gutshaus*. Sarah Wiener tritt heute regelmäßig in verschiedenen Fernsehkochshows auf, betreibt drei Restaurants, ist Schirmherrin eines Tierzuchtfonds und der Aktion »Haushalt ohne Genfood« sowie Mitglied der »Naturallianz«. Im letzten Jahr gründete Sarah Wiener mit anderen engagierten Personen (u. a. Alfred Biolek) die SWS-Stiftung für gesunde Kinder und vernünftige Ernährung, die unter anderem Kochkurse in Grundschulen initiiert. Sie lebt in Berlin.

Unter Mitarbeit von Malika Rabahallah

Nach der ARTE-Fernsehserie »Die kulinarischen Abenteuer der Sarah Wiener«, produziert von zero one film GmbH, Berlin

Fotos: © Malika Rabahallah
Vignetten S. 9, 46, 92, 96, 118, 123, 129: © Dover Publications;
S. 18, 94, 150: © 2008 O. Schmitt und Lizenzgeber; S. 18, 52, 63, 72,
144, 145: © FoodCollection; S. 24, 42, 134: © The Pepin Press

© Eichborn AG, Frankfurt am Main, November 2008
Umschlaggestaltung: Christina Hucke
Sarah-Wiener-Vignetten: © Friedemann Meyer
Text- und Bildredaktion: Königskind Projektagentur, Stefanie Zeller
Layout und Satz: Oliver Schmitt
Druck und Bindung: Imago
Manufactured in China, 2008
ISBN 978-3-8218-7315-2

Eichborn Verlag, Kaiserstraße 66, D-60329 Frankfurt am Main
Mehr Informationen zu Büchern und Hörbüchern aus dem Eichborn Verlag finden Sie unter www.eichborn.de.

Inhalt

Vorwort

Was Sie hier gerade in der Hand halten, sind fast zwei Jahre meiner Erfahrungen, meiner Abenteuer und meiner intensiven Lehrzeit in Frankreich.

Bevor ich mit meinem Team zu meinem ersten kulinarischen Abenteuer aufgebrochen bin, wusste ich nicht wirklich viel über das Land. Ein paar Tage Côte d'Azur, ein paar Tage Paris und schon habe ich behauptet, Frankreich zu kennen. Wie unterschiedlich die Regionen, die Menschen und natürlich auch die kulinarischen Spezialitäten Frankreichs sind, liegt zwar auf der Hand bei der Weite des Landes, aber bislang konnte ich diese Vorstellung nicht mit Inhalten füllen.

Die verschiedenen Regionen Frankreichs mit ihrer Küche und ihren Menschen kennenlernen zu dürfen war ein unglaubliches Privileg!

Natürlich hatte ich auch etwas Angst. Mein Französisch holpert so dahin, ich kannte niemanden im ganzen weiten Land persönlich, und die Franzosen sind an vielen Orten als leicht arrogant und distanziert verschrien.

Schon meine erste Kochpatin, Bénédicte Appels, strafte alle Vorurteile Lügen und ließ für mich mit ihrem herzlichen Empfang (trotz Winterkälte) die Sonne aufgehen. Diese allererste Begegnung mit Frankreich stand unter einem guten Stern, der mich während der ganzen Abenteuer nie verlassen sollte. Wo immer ich auch hinkam, öffneten mir fremde Menschen ihre Häuser, ihre Küchen und ihren Erfahrungsschatz. Wir lachten, tranken und aßen miteinander, und fast immer habe ich mir beim Abschied vorgenommen: Ich komme wieder!

So spannend die Abenteuer waren, einfach waren sie nicht immer. Die größte Überwindung hat mich natürlich das Töten der »Nutz-«Tiere gekostet. Aber selbst eine Erdbeerernte kann einen bei 40 °C leiden lassen oder die Käseherstellung an kochenden Bottichen.

Ich habe immer versucht, mit größtmöglicher Achtsamkeit meine Aufgaben zu erfüllen, und trotzdem sah ich so manchen Produzenten still leiden, wenn ich seinen Mähdrescher quälte oder seine Tauben erschreckte, wenn die Wurst aus dem Darm quoll oder der Lab für den Käse allzu schnell verarbeitet werden musste, wenn ich für die Nahaufnahme nochmal ein paar Knoblauchknollen aus der Erde reißen oder für die Kamera noch eine Ente rupfen sollte ...

Meine Begegnungen waren sehr vielseitig, und es war aufregend für mich zu sehen, wie die Umgebung den ganzen Menschen prägt. Ich war beeindruckt von der Leidenschaft und der Kraft, mit der viele meiner Kochpaten ihr Leben meistern. Manchmal war ich richtig eifersüchtig auf die Landschaften, in denen sie leben dürfen, während ich weitereilen musste.

Es war eine wichtige und intensive Zeit für mich, und ich hoffe, dass dieses Buch ein bisschen von dieser Freude und diesen Erfahrungen an Sie weitergeben kann.

Grignan

... wo ich ein Hühnchen zu rupfen habe

La Maison du Moulin,
Bénédicte Appels
26230 Grignan
Tel. 00 33 4 75 46 56 94
www.maisondumoulin.com

Liebe Sarah,
heute dreht sich alles um die Trüffel,
auch schwarzer Diamant genannt.
Sie treffen sich mit Bénédicte Appels
von La Maison du Moulin in Grignan.
Sie werden eine Pintade à demi-deuil
gefüllt mit einer Trüffelfarce kosten.

Das fängt ja gut an. Gleich bei meiner ersten Mission weiß ich nicht, worum es sich handelt. Pintade? Das sagt mir nichts. Fleisch? Fisch? Gemüse? Ich bin ratlos. Wenigstens weiß ich bei den Trüffeln, woran ich bin – die liebe ich, vor allem die schwarzen!

* Die Hauptstadt der Trüffeln

Grignan liegt im Süden des Département Drôme, einer Gegend, die bekannt ist für guten Schafskäse und für weichen und saftigen Wein der Traube Grenache. Grignan gilt als Hauptstadt der schwarzen Trüffeln.

Die Fahrt durch die Drôme ist wunderbar. Weinstöcke, so weit das Auge reicht, und immer wieder Lavendelfelder. Der blüht leider nicht, als ich mit meinem kleinen roten Käfer über die Landstraßen der Provence rolle, denn es ist der 31. Januar – das Ende der Trüffelsaison. Schon von Weitem kann ich die malerischen Häuser eines typisch provenzalischen Dorfes sehen, die sich eng an den Fuß eines Schlosses schmiegen: Grignan!

* Von der Chefetage an den Kochtopf

Bénédicte Appels ist Belgierin und ist
erst über Umwege zum Kochen gekommen. Früher war sie Managerin,
bis sie, auf der Suche nach einem
neuen Leben, mit ihrem Mann und
ihren beiden Töchtern eine alte
Wassermühle in Frankreich reno-
vierte und daraus eine süße kleine
Pension mit fünf sehr stillvoll ein-
gerichteten Zimmern machte. Heute
bietet sie dort ihren Gästen nicht
nur ausgezeichnete regionale Küche,
sondern gibt auch Kochkurse.

Wir kosten zusammen das
Gericht, das ich am nächsten Tag
kochen werde – eine regionale Spezialität, die als Prüfstein der Kochkunst gilt.
Es ist wirklich köstlich: der feine Geschmack von den Trüffeln unter der zarten
Haut, das Fleisch ist saftig und die Haut schön knusprig. Eine »délice«, wie
der Franzose sagt! Jetzt erfahre ich auch, dass eine Pintade ein Perlhuhn ist und
dass ich das arme Tier selbst töten soll. Mir wird ein wenig mulmig zumute.

Das Perlhuhn stammt ursprünglich aus Afrika, wo es auch heute
noch auf dem ganzen Kontinent vor allem wild lebt und selten
gezüchtet wird. In Europa ist die Zucht allerdings sehr
verbreitet, vor allem in Frankreich, das ⅔ der gesamten
Weltproduktion liefert. Das zarte Fleisch hat einen
einzigartigen Geschmack: eine Mischung aus Wild und
Geflügel. Außerdem ist es eine der kalorienärmsten Fleisch-
sorten und enthält so viel Eisen wie Rindfleisch.

Der besondere Geschmack des Perlhuhnfleisches hat sich auch in Deutschland herumgesprochen. Bei ausgesuchten Metzgern sind Perlhühner und ihre
Teilstücke (Schenkel, Brust) das ganze Jahr über erhältlich.

* Ich lasse die Federn fliegen

Bei Monsieur Chevru, dem Perlhuhnzüchter vor Ort, lerne ich, dass ich mich
langsam an mein Opfer anschleichen und es dann entschlossen bei den
Flügeln packen muss. Bevor ich in den Stall gehe, atme ich erst einmal tief

durch. Wenn diese Prozedur vor jeder Mahlzeit notwendig wäre, würde ich wohl Vegetarierin!

Von Natur aus scheu, wird das Perlhuhn am besten nachts gefangen. Im dunklen Stall drängen sich alle Hühner verängstigt in einer Ecke zusammen. Nur das Licht einer Taschenlampe weist mir den Weg. Und jetzt soll ich den Henker spielen? Mich verlässt der Mut. Doch ich reiße mich zusammen. Ich werde doch nicht gleich bei der ersten Herausforderung meiner Reise aufgeben! Entschlossen packe ich eines. Hurra! Geschafft. Jetzt schnell raus. Doch Monsieur ist unerbittlich. »Ce n'est pas bon. Elle n'est pas jolie.« – Das ist nicht gut?! Doch, doch, denke ich, der Vogel ist wunderschön, perfekt für den Grillspieß. Aber Monsieur Chevru hat kein Erbarmen, das Tier ist ihm nicht dick genug. Ich muss mir ein anderes aussuchen.

Gott sei Dank hilft mir Monsieur (der Polizist war, bevor er seine Liebe zu Perlhühnern entdeckte) beim Schlachten. Erst wird das Huhn betäubt,

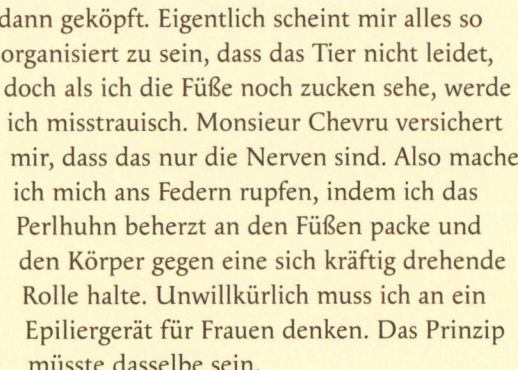

dann geköpft. Eigentlich scheint mir alles so organisiert zu sein, dass das Tier nicht leidet, doch als ich die Füße noch zucken sehe, werde ich misstrauisch. Monsieur Chevru versichert mir, dass das nur die Nerven sind. Also mache ich mich ans Federn rupfen, indem ich das Perlhuhn beherzt an den Füßen packe und den Körper gegen eine sich kräftig drehende Rolle halte. Unwillkürlich muss ich an ein Epiliergerät für Frauen denken. Das Prinzip müsste dasselbe sein.

Die Federn fliegen und mir wird ganz anders. Der Anblick hat wenig mit der sauber gerupften Hühnerhaut zu tun, die ich sonst beim Händler präsentiert bekomme.

Wieder zurück bei Bénédicte präsentiere ich stolz meine Beute. Ich verspreche, morgen ein exzellentes Gericht zu servieren, damit dieses Perlhuhn nicht umsonst gestorben ist. Das ist meine Einstellung: Ich bin keine Vegetarierin, aber ich versuche immer, etwas Gutes aus dem Fleisch des Tieres zu machen, es zu schätzen, es nicht zu vergeuden. C'est la vie!

* Mit der Spürnase auf Trüffelsuche

Am nächsten Tag geht es sehr früh raus, zusammen mit Serge Aurel und seiner Supernase Ladie, einer rehäugigen Dackelmischlingshündin. Monsieur ist ein Trüffelsammler mit Leib und Seele. Er schwärmt von dem begehrtesten Pilz der Welt, dass mir das Herz aufgeht. »La passion« müsse man haben, findet Monsieur Aurel, wenn man sich mit Trüffeln beschäftige – Leidenschaft!

Aufgeregt schnüffelt Ladie bereits weiter. Für sie scheint die Suche nach dem schwarzen Gold wie ein Spiel zu sein. Aber dann hat sie keine Lust mehr. Ihr ist kalt und sie will nach Hause. Früher hat man Schweine für die Suche eingesetzt. Aber die haben wohl einen Teil ihrer Beute gefressen. Hunde dagegen sind keine Feinschmecker, die erkennen den »schwarzen Diamanten« nicht als Delikatesse und liefern ihn brav ab bei ihrem Herrn und Meister. Trüffelhunde sind außerordentlich gut trainierte Tiere und sehr wertvoll. Monsieur Aurel berichtet mir, dass ihm einmal ein Hund gestohlen wurde.

* Trüffeln – das schwarze Gold

Auf der ganzen Welt sind mehr als 60 Trüffelsorten bekannt; die Hälfte davon ist ausschließlich in Europa zu finden. Zu den Erlesenen gehören die Sorten *melanosporum* und *brumale*, die nach der ersten Kälte des Winters unter Eichen oder Haselnussbäumen ausreifen und insbesondere in den ersten Monaten des Jahres gesammelt werden. Beide Sorten unterscheiden sich vor allem durch den Duft: Die *Truffe melanosporum* hat einen feineren Duft und riecht nach Waldboden, während die *Truffe brumale* ein bisschen nach Ammoniak riecht. Dafür ist sie auch preiswerter. Den »schwarzen« Diamant gibt es übrigens auch in weiß. Diese Delikatesse findet man vor allem in Italien und sie kann im Handel exorbitante Preise erreichen – für 750 Gramm der weißen Köstlichkeit ist schon die Rekordsumme von 143.000 Euro bezahlt worden.

11

Qualitativ hochwertige Trüffeln findet man in gut sortierten Delikatessenläden. Aus Kostengründen verwenden viele Leute Trüffel-Öle. Aber bitte aufpassen: Viele angebliche Trüffelprodukte, die auf dem Markt zu finden sind,
werden nicht auf natürlicher Basis, sondern mithilfe von künstlichen Aromen
hergestellt. Beim Kauf frischer Trüffeln sollten Sie sich ganz auf Ihre Sinne
verlassen: Sie dürfen nicht müffeln, sie müssen schön fest sein und sie dürfen
keine Löcher haben, in denen sich Erde festsetzen kann (die sie schwerer und
damit teurer macht!).

Viele (wie Bénédicte übrigens auch) lagern ihre Trüffeln in einem Glas
mit Reis. Das kann ich nicht empfehlen, denn der Reis zieht die Feuchtigkeit
aus den Trüffeln. Wickeln Sie stattdessen die Trüffeln in ein Stück saugfähiges
Papier und bewahren Sie sie in einer Dose im Kühlschrank auf. Wechseln
Sie das Papier jeden Tag, damit die ausgeschwitzte Feuchtigkeit entfernt
wird. Vorsicht: Eine Trüffel darf nicht nass werden, sonst wird sie matschig!
Wichtig ist: Trüffeln sollte man so bald wie möglich essen, da sie jeden Tag
an Geschmack und Aroma verlieren.

Mein Tipp: Die Trüffel verlangt nicht nach komplizierten Rezepturen. Mir
schmecken Trüffeln am besten, wenn sie auf einfachen Zutaten wie Eiern
oder Nudeln in hauchdünne Scheiben gehobelt werden. Wichtig ist, dass man
sie vor der Zugabe nicht wäscht, sondern sorgfältig abbürstet!

✶ Trüffeln kaufen aus dem Kofferraum

Auf dem Trüffelmarkt fühle ich mich wie auf einem großstädtischen Drogen-
umschlagplatz. An einer Straßenecke stehen Autos, vor denen sich mehr
oder minder freundlich dreinblickende Männer herumdrücken. Dann und
wann nähert sich jemand, dann wird der Kofferraum geöffnet und die Ware
fachmännisch geprüft. Sie befingern, reiben, riechen, begutachten, verwerfen.
Eine eingeschworene Gemeinde und ich bin die Novizin. Ich merke, ich habe
noch viel zu lernen.

✶ Brotlose Kunst – meine erste Lektion

Der sechsköpfigen Jury hat mein Essen geschmeckt und sie hat mir sogar
einen groben Patzer verziehen: Vor lauter Aufregung habe ich vergessen,
Brot zu servieren! Wie kann man in Frankreich das berühmte französische
Baguette vergessen? Es gehört zu jedem guten Essen auf den Tisch. Erste
französische gastronomische Lektion, Frau Wiener!

* Gefülltes Perlhuhn Demi-Deuil, Trüffelpüree, Topinambur-Puffer

Zutaten für 6 Personen
1 Mast-Perlhuhn
1 Wintertrüffel
1 Schweinenetz

Für den Fond und die Sauce
Karotten
Zwiebeln
Wermut Noilly Prat
100 g Trüffelbutter (100 g Butter und 10 g Périgord-Trüffel)
Salz, Pfeffer
Geflügelklein

Für die Füllung
150 g Geflügelfleisch
1 Eiweiß
50 ml Sahne
Salz, Cayennepfeffer, Muskatnuss
1 Périgord-Trüffel

Für die Puffer
600 g Topinambur
geklärte Butter
Salz, Pfeffer, Muskatnuss
Olivenöl

Für das Trüffelpüree
600 g Kartoffeln (Sorte Bintje)
Butter
150 g Trüffelbutter (150 g Butter und 15 g Périgord-Trüffel)
Salz, Pfeffer

Fürs Grillen
50 g Butter
Wasser
1 Scheibe fetter Rückenspeck

Vorbereitungszeit
60 Minuten (ohne Schlachten und Rupfen)
Feuer machen: 15 Minuten
Garzeit am Grill: 2 ½ Stunden

Material
Dressiernadel, Küchengarn, Messer, Küchenmaschine mit Schneide- und Hackvorrichtung, Grillvorrichtung für offenes Feuer, Kasserolle, Schälmesser, Pfanne, Metalltrichter, Mandoline (Gemüsehobel), Reibe, Kartoffel-stampfer

1. (am Vorabend): Geflügel schlachten und rupfen.

2. (am Morgen): Das Perlhuhn zubereiten, d. h. ausnehmen, säubern, die Flügel stutzen und die Krallen entfernen. Magen und Hals (auch Geflügelklein genannt) für den Saucenfond aufbewahren. * Für den Fond das Gemüse schälen und in kleine Würfel schneiden. Das gehackte Geflügelklein im Ofen anbräunen und dabei regelmäßig umrühren. Schließlich das Gemüse hinzufügen und 10 Minuten mitrösten. * Den Bratensatz mit Noilly Prat ablöschen, alles in eine Kasserolle geben, etwas Wasser angießen und mindestens eine Stunde schmoren lassen. * Am Schluss den Fond ohne Fleisch und Gemüse durch ein Sieb passieren und einkochen lassen. Kühl stellen. * Für die Trüffelbutter einen Périgord-Trüffel (1/10 des Gewichts der Butter) sehr fein hacken und in die zimmerwarme weiche Butter einarbeiten. * Für das Trüffelöl den Rest der gehackten Trüffel in eine Flasche Olivenöl geben. Kalt stellen.

3. Für die Füllung das Geflügelfleisch in Würfel schneiden und ein Eiweiß zugeben. Das Ganze in eine Küchenmaschine oder einen Blender geben und fein hacken. Die Masse im Eisbad mit Sahne und Gewürzen schaumig schlagen. Die Trüffel in sehr dünne Scheiben schneiden und zu der lockeren Farce geben. Das Perlhuhn damit füllen und verschließen. * Mit einem Messer alle fleischigen Teile des Perlhuhns einschneiden. Die Einschnitte mit den Fingern zu kleinen Taschen erweitern. * Die Wintertrüffel mit der Mandoline in hauchdünne Scheiben hobeln. Die Trüffelscheiben in die Taschen schieben und diese wieder zudrücken. Nun erscheint das Perlhuhn an einigen Stellen schwarz, daher auch der Name »demi-deuil« (Halbtrauer). * Dressieren (in Form binden, damit das Fleisch beim Braten nicht auseinanderfällt) und kühl stellen.

4. Im Kamin ein Feuer entfachen und Grillvorrichtung und Fettpfanne installieren. 50 g Butter und 2 Glas Wasser in die Fettpfanne geben.

5. Das Geflügel in das Schweinenetz einwickeln, auf den Spieß aufziehen und drehen lassen. Dabei regelmäßig begießen. * Inzwischen die Sauce fertigstellen. Dazu die Trüffelbutter in den reduzierten Fond geben. Beiseitestellen.

6. Für die Topinambur-Puffer die Topinambur-Knollen schälen, reiben und beiseitestellen. * Die Butter klären (d. h. sanft erhitzen und den sich oben bildenden Schaum vorsichtig abheben. Dann den Rest, die geklärte Butter, abgießen, sodass nur der Bodensatz zurückbleibt). Die geklärte Butter mit den geriebenen Knollen mischen und abschmecken. * Eine Pfanne stark erhitzen und etwas Olivenöl zugeben. * Einen Fladen nach dem anderen in die Pfanne geben, leicht andrücken und von beiden Seiten backen. Warm halten.

7. Für das Trüffelpüree die Kartoffeln waschen und in einem großen Topf mit Salzwasser aufsetzen. Zum Kochen bringen. Die garen Kartoffeln schälen. * Ein walnussgroßes Stück normale Butter in den Topf geben und bei schwacher Temperatur erhitzen. * Die Kartoffeln wieder in den Topf geben und mit dem Kartoffelstampfer zerdrucken. Die temperierte Trüffelbutter unterrühren und darauf achten, dass der Topf nicht zu heiß wird, damit das Püree nicht anbrennt. Abschmecken und warm halten.

Die Pintade lässt sich auch einfach im Ofen zubereiten. Um das Austrocknen des Fleisches zu vermeiden, sollte man das Perlhuhn regelmäßig mit eigenem Fleischsaft begießen oder mit Speck umwickeln. Man kann auch während des Garens ein Gefäß mit Wasser in den Ofen stellen. Fleisch nicht zu lange garen: 40 Minuten pro Kilogramm Fleisch und ein bisschen länger, wenn das Huhn gefüllt ist.

15 Minuten vor dem Servieren den Metalltrichter auf den glühenden Kohlen erhitzen, bis er rot glüht. Den Speck darauflegen und das Fett auf das Perlhuhn tropfen lassen, damit es knusprig braun wird.

Auf je einem Topinambur-Puffer eine Portion Perlhuhn anrichten (jede Portion muss etwas Trüffel enthalten). Mit Trüffelbuttersauce überziehen. Das Püree dazugeben und mit etwas getrüffeltem Olivenöl garnieren.

Soultz

... wo das Sauerkraut knacken muss

Restaurant Metzgerstuwa
Gilbert Schluraff
69, rue Maréchal de Lattre
de Tassigny
68360 Soultz
Tel. 00 33 3 89 76 95 62

Liebe Sarah,
die nächste Etappe auf Ihrer Frankreich-
tour: Sauerkraut mit Kartoffelknödeln.
Suchen Sie dafür Monsieur Schluraff von
der Metzgerstuwa in Soultz im Süden
von Colmar auf.

✳ Deutsche Herzhaftigkeit mit französischer Finesse

Meine neue Mission führt mich also ins Elsass. Hier ist die Küche stark von
der deutschen, besonders von der badischen beeinflusst. Elsässische Gerichte
sind oft deftig, gleichzeitig aber auch fein und raffiniert.

Das Elsass ist eine der wichtigen (und zahlreichen) Weinregionen Frankreichs.
Hier werden die auch rechtsrheinisch beliebten Reben Riesling, Silvaner,
Gewürztraminer und Weißburgunder angebaut. Übrigens: Die Nähe zu
Deutschland zeigt sich auch auf dem Etikett, denn das Elsass ist die einzige
Weinregion Frankreichs, in der neben der Region bzw. dem Erzeuger und/oder
Abfüller des Weines auch (wie in Deutschland) die Rebsorte prominent auf
dem Weinetikett genannt wird.
     Nicht von ungefähr wird der hiesige Coq au vin in Riesling geschmort,
und auch Zander und Forelle schwimmen nicht nur gerne in den vielen
klaren Seen, Teichen und Flüssen, sondern auch im für diese Region typischen,
kräftigen Weißwein.

✳ Ein herzlicher Empfang

Soultz-les-Bains ist nicht einfach zu finden, kein einziges Schild weist mir den Weg. Doch schließlich bahnen sich mein kleiner Käfer und ich doch den Weg durch die zahlreichen Einbahnstraßen, die das winzige Dorf vorzuweisen hat. Ich bin froh, als ich endlich mein Ziel gefunden habe und ich mich in der warmen, heimeligen Metzgerei von Monsieur Schluraff auwärmen kann.

Mein freundlicher Pate ist 62 Jahre alt und seit 30 Jahren Patron der Metzgerei, seit zehn Jahren auch des dazugehörigen Restaurants *Metzgerstuwa*. Und seine Spezialität ist das Choucroute garni – das »garnierte Sauerkraut«.

Als er mir das Choucroute serviert, sehe ich, was der Elsässer unter einer Garnitur versteht: Der eigentliche Namensgeber des Gerichts, das Kraut, versteckt sich unter einem Berg von Würsten, Räucherspeck und dicken Scheiben Schweineschulter. Erfreut erkenne ich auch Wiener Würstchen – Wiener Würstchen pour la Wiener Mädchen. Von dieser Portion könnte eine Familie eine Woche lang satt werden! Und das mir, die ich doch wenig Fleisch und dafür viel mehr Gemüse esse. Das einzige Grüne, das mein Auge erspäht, ist die Dekoration: ein winziges Blatt Petersilie. Monsieur Schluraff zeigt sich ungerührt von meinem Zweifel. So wird das Choucroute seit Generationen angerichtet, und so ist es gut.

Wichtig sei vor allem, teilt er mir mit, dass das Sauerkraut noch Biss habe, knackig sei. In Deutschland, das wisse er, möge man es weicher, »marmeladiger«. Damit könne man aber bei den hiesigen Gästen nicht landen. Das merke ich mir. Genauso wie die Tatsache, dass Wacholder und Kümmel an ein echtes Elsässer Choucroute gehören. Natürlich schaffe ich es nicht, meine Portion an diesem Abend aufzuessen …

* Die Kartoffel für die Pflutta (Kartoffelknödel)

Monsieur Schluraff ist streng: Ich darf nicht irgendeine Kartoffelsorte einkaufen, nein, die Roseval muss es sein – eine Knolle mit roter Schale und gelbem Fleisch. Die Roseval ist eine junge französische Züchtung aus den 50er-Jahren. Sie sieht nicht nur hübsch aus, sondern ist auch sehr schmackhaft. Man nennt sie daher auch die Trüffel unter den Erdäpfeln. Man kann natürlich auch andere mehlig kochende Kartoffelsorten nehmen. Durch den hohen Stärkegehalt bleiben sie schön trocken und sind ideal zum Zerstampfen und Pürieren. Also genau das Richtige für die Pflutta von Monsieur Schluraff.

* Kohl, Kohl, Kohl – so weit das Auge reicht

Um das Kraut einzukaufen, fahre ich zum Hof von Monsieur Hubert Dietrich. Hier gibt es nichts als Kohl, Kohl, Kohl – so weit das Auge reicht, denn die Familie Dietrich hat sich auf den Anbau und die Herstellung des Elsässer Nationalgerichts spezialisiert – schon in der zweiten Generation. Handliche Tüten oder gar Dosen gibt es hier nicht. Man verkauft in Fässern. Als Monsieur mich in seinen Lagerraum führt, sehe ich mannshohe Berge von Sauerkraut, aus denen mit einer Art Bagger eine riesige Portion für mich abgefüllt wird.

* Der Kohl für das saure Kraut

Für Sauerkraut können verschiedene Kohlsorten verwendet werden. In Deutschland verwendet man vor allem den Spitzkohl, in Frankreich den milderen Quintal. Im Herbst werden die Kohlköpfe geerntet, in Streifen geschnitten und mit Salz in Fässern konserviert. Sauerkraut dient seit Jahrhunderten als wichtige Vitamin- und Mineralquelle, besonders im Winter, wenn es kein frisches Gemüse und Obst gibt. Seit dem 18. Jahrhundert setzte man den sauren Kohl auch in der Seefahrt als medizinische Nahrung ein, um Skorbut (Vitamin-C-Mangel) zu verhindern.

* Wiener Würste für das Wiener Mädel

Am nächsten Tag mache ich zum ersten Mal in meinem Leben, man glaubt es nicht, Wiener Würste! Und ich stelle fest, das ist die reinste Schwerstarbeit.

Schweine- und Rindfleisch wird zu gleichen Teilen durch den Fleischwolf gedreht. Dazu kommen Kardamom, Muskat, Pfeffer, Koriander, Salz, Knoblauch, flüssiges Eiweiß und Zwiebeln. Zum Schluss ordentlich Eis, damit die Masse beim Durchmischen nicht gerinnt. Ich schlage dem verblüfften Schluraff vor, ein wenig Vanille hinzu- zufügen. Das amüsiert ihn ungemein. Das sei ein anderes Rezept, sagt er diplomatisch.

Dann probiert er. Monsieur Schluraff ist zufrieden mit mir. »Ausgewogen« findet er mein Werk. So wie es sein soll. Ich bin stolz über das Lob des strengen, aber herzlichen Lehrmeisters. Doch als er mich auffordert zu kosten, zögere ich. Rohe Wurstfüllung – das ist nicht meine Sache. Doch mein Monsieur insistiert. »Als Pfarrer kann man nicht in die Kirche gehen und sein Gebet nicht sprechen.« Das überzeugt mich. Vorsichtig tunke ich meinen Finger in die rosa-cremige Masse. Nicht schlecht.

Als die Jury, die fast aus dem ganzen Dorf besteht (daher auch die riesigen Mengen!), mein Werk am Abend begutachtet, höre ich aus der Küche, wie jemand zu Beginn des Mahles ein Trinklied anstimmt:

Boire un petit coup c'est agréable / Boire un petit coup c'est doux /
Mais il ne faut pas rouler dessous la table /
Boire un petit coup c'est agréable / Boire un petit coup c'est doux

Ein kleiner Schluck wird uns gefallen / Ein kleiner Schluck, der mundet gut /
Nur unter den Tisch darfst du nicht fallen /
Ein kleiner Schluck wird uns gefallen / Ein kleiner Schluck, der mundet gut

Wenn das kein gutes Vorzeichen ist!

* Sauerkraut nach Elsässer Art

Ein Rezept der Metzgerei Schluraff

Zutaten für 6 Personen
2 kg Sauerkraut
6 Scheiben Räucherspeck
(ca. 1 cm dick)
½ geräucherte Schweineschulter

6 geräucherte »Montbéliard«-Würste
6 kleine Wiener Würstchen
6 Kartoffeln
1 Lorbeerblatt
3 Gewürznelken
8 Wacholderbeeren
2 Zwiebeln
3 Knoblauchzehen
½ l Elsässer Riesling
¼ l Wasser oder Bouillon
200 g Schweineschmalz
etwas Öl

Garzeit
90 Minuten

Sauerkraut mehrmals waschen und gut abtropfen lassen. * Schweineschmalz oder Öl in einem Topf erhitzen und die klein geschnittenen Zwiebeln bei schwacher Hitze darin glasig dünsten. * Den Räucherspeck und die geräucherte Schweineschulter zugeben und mit dem Sauerkraut bedecken, Wein und Wasser oder Bouillon angießen und zum Schluss die Knoblauchzehen, Gewürznelken, Wacholderbeeren und das Lorbeerblatt hinzufügen. * Bei geringer Hitze anderthalb Stunden köcheln lassen. * Die Montbéliard-Würste eine halbe Stunde vor Ende der Garzeit, die Wiener Würstchen erst in den letzten 10 Minuten dazugeben. * Die Salzkartoffeln getrennt kochen und servieren.

Servier-Tipp
Zum Sauerkraut einen Silvaner oder besser noch einen Riesling servieren. Oder aber ein gutes Bier vom Fass!

 Montbéliard-Würste sind geräucherte Würste aus Schweinefleisch und deswegen auch einfach durch andere Räucherwürstchen zu ersetzen.

✳ Rezept für Ardaepfelpflutta

Zutaten für 6 bis 8 Personen
3 kg Kartoffeln (vorzugsweise rote
Kartoffeln der Sorte »Roseval«
oder »Charlotte« oder andere
mehlige Sorten)

200 g Mehl
60 g Butter
Salz
150 g Schweineschmalz
Öl oder Butter

Kartoffeln schälen, vierteln und in Salzwasser kochen. ✳ Mit einem Messer prüfen, ob sie gar sind. ✳ Abgießen und ca. 2 Minuten bei hoher Temperatur ausdämpfen lassen.

Mehl und Butter hinzufügen und die Masse trocken werden lassen, indem man sie mit einem Kartoffelstampfer bei hoher Temperatur ca. 10 Minuten lang bearbeitet. ✳ Dabei darf der Topfboden leicht braun werden und der Teig muss sich schließlich vom Boden lösen. ✳ Ca. 10 Minuten ruhen lassen.

Einen Löffel in das zimmerwarme Schweineschmalz tauchen, damit sich der Teig
besser vom Löffel lösen lässt. ✳ Dann
von dem Teig walnussgroße Portionen
abstechen und in Mehl wenden.
✳ Zum Schluss nach Wahl in Öl
oder Butter braten.

Man kann
auch einige
Knödel
mit entsteinten
Dörrpflaumen füllen.
Diese salzig-süße
Geschmackskombina-
tion schmeckt sehr
gut, sogar mit salzigen
Beilagen.

Sartène

… wo ich die
Köchin mit dem
Turban treffe

Chère Sarah,
heute Abend startet die Fähre
nach Korsika. Gisèle Lovichi
erwartet Sie morgen in ihrer
Auberge Santa Barbara
in Sartène. Le bruccio steht
im Zentrum Ihrer nächsten
Aufgabe: Milchlamm und
Zucchinis gefüllt mit Bruccio.

Also auf nach Marseille! Zwölf
Stunden dauert die Überfahrt, die
ganze Nacht ist man unterwegs.

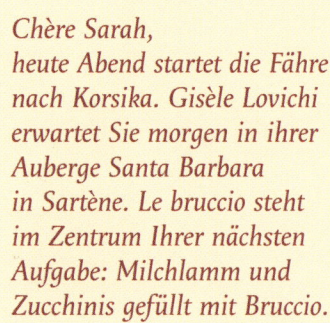

Auberge Santa Barbara
Mme Gisèle Lovichi
Route de Propriano
20100 Sartène
Tel. 00 33 4 95 77 09 06
www.welcometocorsica.com

✳ Bruccio – eine korsische Spezialität

Korsikas Küche ist einfach, deftig und würzig. Sie besteht vor allem aus rustikalen Fleisch-Gerichten, die mit Kräutern der korsischen Macchia wie Thymian, Majoran, Rosmarin, Basilikum und Myrte schmackhaft zubereitet werden, da in der korsischen Landschaft mit ihren Bergen und Wäldern Gemüse- und Ackerbau im großen Stil nicht möglich ist. Das Gebirge und der immergrüne Buchenwald sind allerdings ein Kräuterparadies. Rosmarin, Salbei, Thymian gedeihen hier prächtig und sind nicht nur die Lieblingsnahrung der Schafe, sondern geben vielen korsischen Gerichten ihre ganz besondere Note.

Bekannt sind auch die halbwilden schwarzen Schweine, die frei auf der Insel herumlaufen und auch heute noch nach alter Sitte häufig nur zu Vollmond geschlachtet werden. Die Korsen sind eben auch in der Küche Traditionalisten! Auch Schafe und Ziegen sind wichtige Zutaten vieler korsischer Gerichte. Auf der Insel gibt es über 90 000 Schafe, und die Kräuter der Insel bilden einen wichtigen Bestandteil ihrer Nahrung, sodass ihr Fleisch, ihre Milch, ihr Käse nach Kräutern schmeckt.

Aus Schafs- und Ziegenmilch werden nämlich die zahlreichen korsischen Käsespezialitäten hergestellt, darunter der Frischkäse Bruccio. Er wird als Füllung für Omelettes, Ravioli, Krapfen oder Kuchen verwendet. Bruccio ist auch gereift als würziger Vieux Broccio erhältlich. Diese regionale Spezialität – die übrigens, wie meine Gastgeberin Gisèle Lovichi mir verrät, eine geprüfte Herkunftsbezeichnung vorzuweisen hat! – wird im Winter hergestellt, um dann im Frühjahr zu reifen oder gegessen zu werden.

Bruccio, der im Juni und Juli noch nicht gegessen wurde, wird mitsamt der Rinde in einem großen Tontopf vermischt, dort von Maden befallen und es entsteht der Casjiu Merzzu (der verdorbene Käse), der übergossen mit Trester für viele Korsen eine ganz besondere Spezialität ist.

✳ Die einzige Chefköchin der Insel

Aber ich werde es mit dem frischen Bruccio aufnehmen müssen und bin gespannt, was mich in Sartène erwartet. Gisèles Restaurant finde ich im Süden der Insel, in Sartène. Angeblich ist dies die größte Stadt der Insel. Viel Platz also, um sich zu verfahren. Doch auch dieses Mal finde ich meinen Weg.

Die Auberge Santa Barbara, prachtvoll mit Blumen umgeben, bietet einen wunderschönen Ausblick auf Sartène, die Stadt im felsigen Vorgebirge. Ich trete ein und suche meine Patin. Eine kleine resolute Frau, ganz in Weiß, mit einem weißen Tuch wie ein Turban um den Kopf gebunden, kommt mir lächelnd entgegen. Gisèle Lovichi ist tatsächlich die einzige Chefköchin der ganzen Insel. Sie ist außerdem DIE Köchin, die in alle Welt gerufen wird, wenn es um die korsische Küche geht.

✳ Für einen Becher Bruccio muss man hart arbeiten

Gisèle erklärt mir, dass ich meinen eigenen Bruccio herstellen darf. Dazu müssen aber Schafe gemolken werden. Und der Schäfer und seine Herde wohnen hoch oben in den Bergen. Also mache ich mich auf den Weg. Als ich die Serpentinen hinauffahre, fühle ich mich heimisch. Schließlich haben die Österreicher und die Korsen viel gemeinsam: Es sind beides Bergvölker.

Als ich ankomme, bemerkt der Schäfer, Monsieur Fouquoire, erfreut, dass nicht nur ich, sondern auch die Schafe rechtzeitig zum Melken gekommen sind. Dass Schafe einen Terminplan haben, ist mir neu.

✳ Schafsmilch

Schafsmilch ist viel gesünder als Kuhmilch: dreimal so viel Vitamin A, fünfmal so viel Vitamin B13, gut für Leber, Magen und Darm. Allergiker vertragen Schafsmilch wegen der anderen Eiweißstruktur oft besser als Kuhmilch.

Die Grundlage für den Bruccio ist ein Abfallprodukt aus der Hartkäseherstellung: die Molke, eine Art wässrige Milch. Diese hat viel Eiweiß und wenig Fett. Die Molke wird langsam erhitzt, dann kommt Salz dazu, 5 g auf einen Liter, später, wenn die 60 °C erreicht sind, wird frische Milch dazugegeben.

Fasziniert schaue ich zu, wie langsam Schaum an die Oberfläche der Milch steigt – das ist der Bruccio. Der Schäfer zeigt mir, wie man mit einer riesigen Kelle aus dem Kessel schöpft. Mein erster Bruccio! Bei der Hitze eine wahrhaft schweißtreibende Angelegenheit. Wer Kreislaufprobleme hat, sollte diesen Job besser nicht machen.

Monsieur Fouquoire berichtet mir, dass ein Becher 5 Euro kostet. Ich bin baff. 5 Euro für diesen Becher, der mich so viel Anstrengung gekostet hat! Ich glaube, ich bleibe lieber doch Köchin.

Das Lamm bekomme ich gleich mit auf meinen Rückweg zur Auberge, gut eingepackt in Frischhaltefolie.

* In Berlin muss man sich warm anziehen

Im Garten hinter dem Haus schneiden Gisèle und ich die frischen Kräuter. Dabei versuche ich eine kleine Revolution und möchte die Kräuter für den Bruccio gerne selbst zusammenstellen. Eine Hälfte kräftiger im Geschmack, das ist meine Idee. Erfreut scheint Gisèle nicht zu sein, doch sie erlaubt mir höflich, einen Versuch zu wagen. Also bereiten wir den Bruccio in zwei Versionen zu: einen kräftiger und einen leichter gewürzt. Die Jury soll entscheiden.

Sicher bin ich meiner Sache nicht. Schließlich liebt man Bruccio hier ohne viel Schnickschnack. Doch das Urteil fällt salomonisch aus: unentschieden!

Beim Abschied am nächsten Tag kündigt Gisèle an, mich in Berlin besuchen zu wollen. Und da sie keine Kälte verträgt, weiß sie ganz sicher: Dann wird sie sich warm anziehen!

* Milchlamm à la Salamughja

Zutaten für 4 Personen
1 kg Milchlamm (Keule oder Schulter)
Salz
Pfeffer
6–8 Knoblauchzehen
einige Zweige Thymian
Olivenöl

Zutaten für die Marinade
1 EL grobes Salz
⅛ l Weinessig
¼ l Rotwein
5 Knoblauchzehen
Thymian

1. Das Lamm salzen und pfeffern. * Mit einigen ungeschälten Knoblauchzehen und dem Thymian auf ein Blech legen. * Olivenöl dazugeben.

2. Für die Marinade Salz in Essig lösen. * Erst den Wein, dann die ungeschälten, zerdrückten Knoblauchzehen und den Thymian dazugeben.

3. Das Lamm ohne die Marinade in den Ofen schieben und bei 200 °C (bzw. 180 °C bei Umluft) schmoren lassen.

4. Das Lamm nach halber Garzeit mit der Salamughja von allen Seiten begießen. * Bis zum Ende der Garzeit (20–30 Minuten pro Pfund, je nach Geschmack) dreimal wiederholen.

Nicht zu viel Salz auf das Lamm geben.

* Gefüllte Zucchini mit Bruccio

Zutaten für 4 Personen
4 Zucchini
1 kg Bruccio oder Ricotta
3 Eier

Salz, Pfeffer
200 g Spinat oder Sauerampfer
½ Strauß Basilikum
Paniermehl

1. Zucchini in Wasser kochen. * Längs halbieren und entkernen.

2. Alle Zutaten vermischen, auch die Eier dazugeben (es ist nicht nötig, Eigelb und Eiweiß zu trennen). * Die Zucchinis mit der Käsefüllung füllen, das Ganze mit Paniermehl bestreuen und auf einem geölten Blech in den Ofen schieben, 15 Minuten auf 180°C.

Falls Sie aus dem Bratensatz des Lamms eine Sauce zubereiten möchten, achten Sie beim Lösen des Satzes darauf, dass das Fleisch nicht in Kontakt mit dem Wasser kommt. Schließlich soll es ja schön knusprig bleiben!

Brantôme

... wo ich Äpfel verkoste

Au Fil du Temps
Bernard Villain
1, chemin du Vert Galant
24 310 Brantôme
Tel. 00 33 5 53 05 24 12
www.fildutemps.com

Chère Sarah,
Brantôme ist Ihre nächste Etappe.
Dort erwartet Sie Bernard Villain
in seinem Restaurant Au Fil du Temps.
Seine Spezialität: Apfeltarte mit
Stopfleber. Eine erfahrene Jury
erwartet Sie.

Mir schwant nichts Gutes. Stopfleber – Foie gras – gehört nicht gerade zu meinen Lieblingsspeisen. Aber vielleicht schafft es ja Bernard Villain, mich vom Gegenteil zu überzeugen, und ich werde ein großer Stopfleber-Fan.

✳ Enten, Gänse und schwarze Trüffeln – das Périgord

Die Küche des Périgord zählt nicht zu den raffiniertesten, wohl aber zu den schmackhaftesten Frankreichs. Viele Gerichte basieren auf Enten- und Gänsefett, zwei Spezialitäten der Region, und frischen Kräutern und Gewürzen, die den Eigengeschmack der Produkte hervorheben. Pommes Sarladaises sind typisch für diese Art zu kochen: Bratkartoffeln, die roh in Gänsefett angebraten und dann zusammen mit Steinpilzen, Knoblauch und Petersilie weitergegart werden.

Steinpilze, Pfifferlinge, Parasolpilze oder Morcheln findet man in vielen Rezepten des Périgord. Zudem ist der Wald sehr wildreich, sodass Reh, Wildschwein, Hirsch, Fasan und Rebhuhn oft serviert werden, gerne in Wein mariniert und gekocht. Neben den schwarzen Trüffeln (eine nicht nur edle, sondern auch sehr teure Spezialität des Périgord!) gibt es hier auch viele Geflügelspezialitäten, von denen das Confit (Gänse- oder Ententeile, die im eigenen Fett geschmort werden) und die Foie gras die bekanntesten sind. Und die Stopfleber bildet ja auch, wenn ich meiner Einladung ins Périgord glauben darf, einen wichtigen Bestandteil meiner Aufgabe.

✳ Das Venedig des Périgord

Brantôme, ein kleines, altes Städtchen im Périgord Vert im hügeligen, waldreichen Norden der Region, nennt man auch das Venedig des Périgord. Neben einem altehrwürdigen Kloster findet man hier – das sehe ich gleich, als ich in die engen Straßen einfahre – auch viele Enten zum Stopfen.

Bernard Villain ist ein sehr erfahrener Koch und viel gereist. Sogar im Ritz Carlton in Dubai hat er gekocht. Jetzt allerdings führt er das Restaurant Au Fil du Temps, das feine, regionale Küche anbietet. Eine seiner Spezialitäten ist die Tarte Tatin, ein Apfelküchlein, das nach dem Backen aus der Form gestürzt und mit gebratener Foie gras, Spargel und Kerbel serviert wird. Ich bin misstrauisch, als ich das Gericht zum ersten Mal probiere – nicht nur wegen der Leber, sondern auch wegen der Kombination von süß und salzig, der ich immer mit ein bisschen Vorsicht begegne.

Ich bin eher für klare Geschmacksrichtungen: entweder das eine oder das andere. Süß muss für mich ein Dessert sein, keine Vorspeise. Und ich muss gestehen, dass meine Abneigung möglicherweise noch gefestigt wird durch diese künstlichen süßsauren Saucen, die sich wie ein Teppich über zahlreiche der Gerichte legen, die heute aus einer »modernen« Küche auf den Tisch des Gastes kommen.

Bernard spürt wohl meine Zurückhaltung, denn er fordert mich auf, von der Tarte und der Leber gemeinsam zu kosten, erst so entfalte sich der ganze Geschmack. Und richtig: Ich finde es unvermutet köstlich – wie mein leer gegessener Teller beweist.

✳ Wer lecker sein will, muss leiden

Ob die Enten von Madame Desmoulins meine Freude an diesem schönen Gericht teilen, bezweifle ich. Hier möchte ich nämlich die Stopfleber einkaufen. Meine Hoffnung, das gute Stück bereits vakuumiert und abgepackt vorzufinden, wird leider enttäuscht. Madame Desmoulins zeigt mir den Stall. In langen Reihen stehen hier Enten dicht an dicht, jede einzeln in einem engen Käfig, den Kopf durch ein Loch im Gitter nach oben gereckt. Erschrocken frage ich Madame Desmoulins, ob sie so ihr ganzes Leben fristen. Nein, beruhigt sie mich. Sie bekommt sie mit 14–15 Wochen, dann erst sind sie zum Stopfen bereit. 14 Tage werden sie genudelt, dann geschlachtet, jeden Tag eine Reihe.

Gestopft werden die Vögel mit einer Maschine. Ein langes Metallrohr wird ihnen in den Hals gesteckt, tief hinein, damit auch wirklich der ganze Mais geschluckt wird. Leiden, nein, das tun sie nicht, versichert man mir. Aber gefallen wird es ihnen wohl auch nicht … Das kann ich den Vögeln nicht verdenken. Wenn ich sehe, mit welcher Gewalt die Fütterungsprozedur vonstatten geht, und daran denke, dass die Leber des Geflügels selbst oft blaue Flecken und Blutgerinnsel vom Stress hat, muss ich sagen: Nein, diese Delikatesse brauche ich wirklich nicht, so köstlich sie auch sein mag! Weder zum Kauf noch in der Küche.

Das Angebot, es selbst einmal mit der Fütterung zu versuchen, lehne ich ab.

✳ Foie gras in der Welt

Das Stopfen wird heute schon in 13 europäischen Ländern (unter anderem Deutschland, Österreich, Finnland und Polen) als Tierquälerei angesehen und ist deshalb durch das Tierschutzgesetz verboten. In bestimmten US-Städten (Chicago) wird der Verkauf von Stopfleber sogar ganz untersagt, ab 2012 sogar in ganz Kalifornien – dank des Gouverneurs Arnold Schwarzenegger.

2005 wurde die Foie gras von der französischen Nationalversammlung zum »nationalen und gastronomischen Kulturerbe« erklärt und ist dadurch von französischen Tierschutzgesetzen ausgenommen.

✳ Foie gras

Foie gras wörtlich übersetzt heißt Fettleber. Die Ente und auch die Gans sind Wandervögel und ihre Leber speichert daher viel Fett auf Vorrat. Durch das extreme Stopfen wächst sie auf die dreifache Größe an und wird besonders zart, fast cremig. Der deutsche Begriff Stopfleber aber beschreibt die Art und Weise, wie sie gewonnen wird.

Die Foie gras wird in unterschiedlichen Klassifikationen und Zubereitungen angeboten – foie gras (Leberstücke, die von unterschiedlichen Tieren stammen können), bloc de foie gras (zerkleinerte Leber, die zu einer homogenen Masse verarbeitet wird) und mousse de foie gras (eine Art Paté, die mindestens 50 % Stopfleber enthalten muss). Es muss nicht immer, wie in diesem Rezept, die ganze Leber (foie gras entier) sein.

Foie gras wird gut gekühlt, aber nicht eiskalt serviert und schmeckt auch einfach auf frischem Toast oder zu einem Salat. Dazu empfiehlt sich ein süßer Weißwein, wie zum Beispiel ein Sauternes oder Monbazillac, das hebt den feinen Geschmack der Leber. Wer nicht so gerne süße Weine trinkt, kann auch einen Wein aus dem Bergerac oder aus dem Elsass probieren. Und Champagner passt natürlich immer …

* Nur die Ruhe – eine Leber läuft nicht weg

Bernard zeigt mir, wie ich meine Leber (die ich vorher doch tatsächlich eigenhändig der Ente entnommen habe) säubere. Erst die Nerven ziehen, wobei das feine Gewebe schon sehr zu Schaden kommt. Doch er beruhigt mich. Die Leber setzen wir gleich wieder zusammen! Dabei suche ich sorgfältig nach grünen Flecken, die ein Zeichen für bittere Gallenflüssigkeit sein könnten.

Vor dem Braten salzt Bernard die Leberscheiben mit Fleur de Sel aus der Gironde.

Die »Blume des Salzes« ist das edelste und teuerste Meersalz (das weltweit nur 5 % der Gesamtproduktion ausmacht). Es entsteht nur an heißen und windigen Tagen und wird von Hand mit besonders viel Geschick von der Wasseroberfläche abgeschöpft. Die feinen Salzkristalle schmecken sehr delikat und werden ausschließlich bei Tisch zum Nachwürzen verwendet. 125 g Fleur de Sel kosten je nach Herkunft zwischen 4 und 6 Euro.

* Tarte Tatin mit Gänsestopfleber

Zutaten für 4 Personen
8 Scheiben Gänsestopfleber
Blätterteig
4 bis 6 Äpfel
Butter
eine Prise Zucker
eine Prise Fleur de Sel oder Meersalz

Für die Sauce
250 g Honig
1 l Kalbsfond
1 kleine Tasse Xérès-Essig
(Sherry-Essig)

1. Für die Tarte die Äpfel schälen, Kerngehäuse entfernen und das Obst in feine Scheiben schneiden.

2. Mit einer Prise Zucker in heißer Butter schwenken, bis die Apfelscheiben durchgebacken und leicht karamellisiert sind.

 Die in Butter und Zucker angebratenen Äpfel werden mit einem kleinen Schuss Essig abgelöscht. Bernard Villain findet, das passt hervorragend zum Apfel.

3. Den Blätterteig ausrollen und vier Kreise etwa in der Größe einer Untertasse ausstechen. * Jede Teigscheibe rosettenförmig mit den Apfelspalten belegen und ca. 10–15 Minuten in den Ofen schieben, bis der Blätterteig gar und schön aufgegangen ist.

4. Für die Sauce den Honig in die Pfanne geben, in der die Äpfel gebraten wurden. * Sobald er kräftig kocht, den Kalbsfond und den Xérès-Essig angießen und die Flüssigkeit bei geringer Hitze auf die Hälfte einkochen lassen, bis eine sämige Konsistenz erreicht ist. * Dann die Sauce binden. Dazu kleine Stückchen kalter (unbedingt!) Butter mit einem Schneebesen in die Sauce schlagen.

Vorsicht, Leber brät sehr schnell an! Nur ganz kurz in der Pfanne brutzeln lassen und immer im Auge behalten!

5. Die Gänseleberscheiben ohne Fett in eine sehr heiße Pfanne geben und auf jeder Seite ca. 30 Sekunden scharf anbraten, dann 3 Minuten bei mittlerer Hitze weitergaren. * Mit etwas Fleur de Sel salzen. Je 2 Scheiben Leber auf ein Stück Tarte Tatin legen, mit Sauce überziehen und sofort servieren.

Tipp: Die Stopfleber lässt sich mit einem Messer schneiden, das Sie vor jedem Schnitt einmal in kaltes Wasser getaucht haben. So bleibt das Fleisch nicht am Messer kleben.

Castelnaudary

... wo es eine geheimnisvolle
Bruderschaft gibt

Hostellerie Etienne
Eric Rousselot
1 rue St. James RN 113
11320 Labastide d'Anjou
Tel. 00 33 4 68 60 10 08

Chère Sarah,
Ihre nächste Mission: das Cassoulet.
Eric Rousselot erwartet Sie in Castelnaudary,
in der Hostellerie Etienne. Die Jury ist
die Bruderschaft des Cassoulet. Sie werden
in ihre Reihen aufgenommen, wenn Sie
erfolgreich sind.

Cassoulet ist ein Eintopf und ich liebe Eintopf! Und ein echtes Cassoulet habe ich noch nie gegessen. Auf zu einer Premiere also!

Die Küche des Languedoc-Roussillon, zu dem auch das Pays de l'Aude gehört, arbeitet mit den typischen frischen Zutaten der Mittelmeerregionen: Knoblauch, Tomaten, Oliven und Olivenöl, Zucchini, Auberginen und viele Kräuter wie Thymian, Rosmarin, Salbei, Fenchel und Lorbeerblätter. Fische und Meeresfrüchte wie Seebrasse, Thunfisch und Sardinen oder Austern und Muscheln sind die Grundlage vieler – auch deftiger – Gerichte. Schnecken gelten im Languedoc-Roussillon ebenfalls als Delikatesse.
    Die Region ist vor allem auch als eine der ältesten und größten Weinbaugegenden der Welt bekannt. Mehr als 30 Weine sind AOC-Weine (eine

Qualitätsbezeichnung, die nicht nur die Herkunft aus einem bestimmten Anbaugebiet, sondern auch ein hohes Niveau der Herstellung garantiert, daher auch Appellation d'Origine Controllée) aus Rebsorten wie z. B. Carignan, Grenache oder Syrah.

Das bekannteste Gericht der Küche des Languedoc-Roussillon ist sicherlich das Cassoulet, ein deftiger Eintopf.

Die Legende sagt, dass im Zeitalter des Hundertjährigen Krieges, als Castelnaudary von den Engländern belagert wurde, die Bewohner einen Weg suchten, die Soldaten zu ernähren. Jeder gab, was er noch hatte: Speck, Bohnen, Schweinefleisch und Würste wurden zusammen in einem großen Gefäß gekocht. Gekräftigt durch diese Mahlzeit, gelang es den Franzosen, die Engländer in die Flucht zu schlagen.

Das kleine Städtchen Castelnaudary liegt am Canal du Midi, im Südwesten Frankreichs. Hier befindet sich der Sitz der geheimnisvollen Bruderschaft des Cassoulet. Als ich ankomme, ist der Himmel hier im sonst so sonnigen Süden ausnahmsweise grau. Dafür ist mein Gastgeber, Eric Rousselot, gut aufgelegt und begrüßt mich herzlich im Cassoulet Impérial. Der Name ist Programm, selbst einheimische Kenner rühmen seine Küche. Über 30 000 Portionen des beliebten Eintopfs gehen hier im Jahr über den Tisch.

✳ Im Cassoulet geboren

Eric ist ein ausgewiesener Cassoulet-Meister. »Ich bin im Cassoulet geboren!«, versichert er mir. Den ersten Eintopf hat er mit 16 gemacht, im Restaurant seines Vaters, und ein paar Jahre später war er schon Mitglied in der Bruderschaft und übernahm das Restaurant des Vaters. Wer sonst könnte mir besser beibringen, wie man das perfekte Cassoulet zubereitet? Und wo sonst könnte dies stattfinden als in Castelnaudary, Hauptstadt des Cassoulets und Sitz der Bruderschaft. Die Stadt ist besessen vom Cassoulet – selbst der Wasserturm, so stelle ich fest, sieht aus wie ein großer Eintopf. Außerdem findet jedes Jahr die berühmte fête du Cassoulet statt, wo alles sich um den Bohneneintopf dreht.

✱ Das Beste ist immer die Kruste

Das Beste am Cassoulet ist die Kruste – la croûte. Daher kommt laut Eric der Ausdruck casser la croûte – eine Kleinigkeit essen. Eine richtige Kruste hinzukriegen ist eine wahre Kunst. Immer wieder muss die Oberfläche des Cassoulets im Ofen »gebrochen« werden – insgesamt sieben Mal, bevor sie dann endlich festbacken darf.

Cassoulet heißt Cassoulet, weil der Eintopf in einer Cassole, einem glasierten Topf aus Terracotta, zubereitet wird. Zwei Tage dauert die ganze Prozedur, damit alles auch richtig gut durchzieht. Je länger es kocht, vertraut mir Eric an, desto verdaulicher ist es.

✱ »Ich kann ein Ei kochen, aber ich weiß nicht, ob Sie einen Topf machen können.«

So begrüßt mich Monsieur Not in seiner seit 1820 bestehenden alten Töpferei. Die Töpferei ist seit mehr als 50 Jahren in Familienbesitz; die Fabrik selbst ist noch älter. Hier scheint es, als sei die Zeit stehen geblieben. Überall an den Wänden stehen Töpfe zum Trocknen. Im Nebenraum befindet sich der große Stolz des Besitzers: der riesige alte Holzofen, der auch heute noch einmal pro Monat angeworfen wird. Unterstützt wird er aber mittlerweile von zwei modernen Gasöfen.

Ich setze mich selber an die Töpferscheibe. Die Profis beobachten mich skeptisch. Wetten werden abgeschlossen; es steht 1:3, dass ich es nicht schaffe. Man gibt mir drei Versuche.

Das Besondere an allen Cassoulet-Terrinen ist der Schnabel. Doch so weit komme ich mit meinem Klumpen Ton erst gar nicht. Immer wieder kommt er ins Trudeln und rutscht mir aus den Händen. Monsieur Not zeigt sich nachsichtig. Frauen könnten eben nicht kräftig genug zupacken. »Deshalb ist Töpfern auch ein Männerberuf. Nicht, weil wir Sie ausschließen wollen, meine Damen! Aber man braucht dennoch sehr viel Kraft.« Schließlich gelingt mir auch eine kleine, schiefe Cassole. Ich bekomme dafür trotzdem ein richtig schönes Gefäß.

Töpferei Frères Not, 11400 Le mas Stes Puelles Tel. 00 33 4 68 23 17 01

✳ Gut Ding will Weile haben

Beim Cassoulet lerne ich die Bedeutung dieses Sprichwortes ganz neu. Allein das Confit muss zwölf Stunden in Salz liegen, dann eine Stunde im Fett der Ente, dasselbe Fett, das dann auch für die Schweinshaxe verwendet wird. Überhaupt ist ein Cassoulet eine sehr fettige Angelegenheit. Immer wieder wird irgendein Stück Fleisch mit reichlich Fett begossen und eingelegt. »Fett ist gut für das Herz«, behauptet Eric. »Und für meinen Bauch!« setze ich hinzu.

Auch die Bohnen müssen, um gut zu quellen, über Nacht in Wasser eingelegt werden. Genug Zeit für mich, um das Rezept zu lernen … und es ist ein sehr langes Rezept.

✳ Ich werde zum Bruder geschlagen

Als am nächsten Tag die Brüder des Ordens zur Urteilsverkündung erscheinen, bin ich beeindruckt. Man erscheint im großen Staat! Die Hüte sind eine Hommage an den Cassoulet-Topf, die Farben der Kleider erinnern an die Sauce. Der Orden hat es sich zur Aufgabe gemacht, die Tradition zu bewahren und Pfusch am Cassoulet zu verhindern. Jetzt heißt es für mich: Aufnahme in die Bruderschaft oder ewige Verdammnis! Doch mein Cassoulet hält der kritischen Prüfung stand. Mehr noch: Eric vertraut mir an: »Eine Dame sagte, wenn einer unserer Meisterköche es so zubereiten könnte, wäre das toll.«

Ich habe es geschafft: In einer großen Zeremonie werde ich zum Bruder erklärt und erhalte sogar ein Zertifikat und eine Tafel, die jetzt übrigens an der Tür eines meiner Berliner Restaurants zu finden ist.

In mein Tagebuch schreibe ich: Es war ein bewegender Abend!

✳ Cassoulet aus Castelnaudary

Grundzutaten für 8 Personen

1 kg weiße Bohnen
2 St. Enten- oder Gänseconfit
750 g Haxe oder Schulter vom
Schwein
400 g Schweinswurst im Naturdarm
200 g Speckschwarte, damit die
Bouillon schön sämig wird

**Weitere Zutaten (variabel je nach
Geschmack)**

1 Geflügelkarkasse
Schweinsknochen
2 Karotten
2 St. Lauch
45 g Tomatenmark
Pfeffer
5 Zehen zerkleinerter Knoblauch
300 g Pökelspeck

1. Trockenbohnen müssen über Nacht in kaltem Wasser eingeweicht werden (das Einweichwasser weg-schütten!).

2. Die Bohnen dann in einen Topf mit kaltem Wasser geben, zum Kochen bringen und ca. 5 Minuten lang blanchieren; auch dieses Wasser wegschütten.

3. Inzwischen aus der in breite Streifen geschnittenen Schwarte, der Geflügelkarkasse (wenn vorhanden) und/oder einigen Schweinsknochen und je nach Geschmack ein wenig Gemüse wie Karotten oder Lauch eine Bouillon zubereiten. ✳ Mit Salz und Pfeffer abschmecken. ✳ Zum Schluss eine Mischung aus zer-kleinertem Knoblauch und Pökelspeck hinzufügen.

So merkwürdig es auch klingt, der Speck muss tatsächlich ranzig sein! Darauf legt Eric besonders viel Wert. Er muss »reif« sein, sonst bringt er nicht die richtige Würze ins Cassoulet.

4. Die Bouillon durch ein feines Sieb seihen, die Schwartenstücke aufheben, den Rest wegwerfen. * Man benötigt etwa das zweifache Volumen an Bouillon wie an blanchierten Bohnen – und dabei lieber etwas mehr als zu wenig.

5. Jetzt die Bohnen in die Bouillon geben und eineinhalb bis zwei Stunden köcheln lassen. * Die Bohnen sollten weich sein, dürfen aber nicht zerfallen. * Während dieser Garzeit ein wenig Tomatenmark zugeben (ca. 1 EL pro Kilo Bohnen).

6. Das Fleisch während der Garzeit der Bohnen zubereiten. * Hierfür in einer großen Pfanne oder einem Schmortopf bei schwachem Feuer das Fett vom Confit auslassen, dann das Fleisch herausnehmen.

7. Im verbleibenden Fett die Schweinefleisch-stücke von allen Seiten schön braun anbraten, aus dem Topf nehmen und abtropfen lassen. * Im selben Fett schließlich auch die Würste braten.

 Für die Bouillon/ den Fond braucht man immer doppelt so viele Bohnen: 1 kg Bohnen, 2 Liter Bouillon/Fond. Am besten natürlich die Bohnen aus Castelnaudary benutzen: die berühmten lingots blancs. Sie sind ein biss-chen länger und härter als andere.

8. Jetzt die Zutaten in einer tiefen Tonschüssel, der Cassole, aufschichten. * Den Boden des Topfes mit den Schwarten auslegen, darauf etwa ein Drittel der Bohnen geben. * Die Fleischstücke darauflegen und mit den restlichen Bohnen bedecken. * Zuletzt werden die Würste in die Bohnen gelegt, sie soll-ten aber noch zu sehen sein.

9. Nun die heiße Bouillon über den Eintopf gießen, bis die Bohnen gerade bedeckt sind. * Mit frisch gemahlenem Pfeffer bestreuen und bei 160 °C (Stufe 5–6) im Backofen 2 bis 3 Stunden garen. * Dabei bildet sich auf dem Gericht eine goldbraune Kruste, die mehrfach eingestochen wird (der Tradition nach sieben Mal), ohne dabei die Bohnen zu zerdrücken. * Bei dieser Gelegenheit prüfen, ob die Bohnen nicht zu trocken sind, sonst etwas Bouillon hinzufügen (nicht bis oben aufgießen).

Das Gericht heiß und in der Cassole servieren.

Tipp: Am besten am Vortag zubereiten. In diesem Fall im Ofen bei 150 °C ca. ein bis eineinhalb Stunden aufwärmen.

Batz-sur-Mer

... wo ich dem Fisch in den Mantel helfe

La Roche Mathieu
Véronique et Christophe Audic
28, rue du golf
route côtière
44740 Batz-sur-Mer
Tel. 00 33 2 40 23 92 12

Chère Sarah,
heute sind Sie in Batz-sur-Mer
verabredet. Christophe Audic hat einen
Bar en croûte in seinem Restaurant
La Roche Mathieu für Sie zubereitet.
Guten Appetit!

* Die ehrliche und schmackhafte Küche zwischen Land und Meer

Die Bretagne: Hier, am Westzipfel Frankreichs, ist die Küche ehrlich, manchmal einfach, aber immer schmackhaft.

Das Nationalgericht der Bretagne ist der Kig ha farz, ein Eintopf aus Schweine- und Rindfleisch, Jakobsmuscheln, Gemüse aus der Region, Kartoffeln und Buchweizengrieß. Für den Kig ha farz gibt es Hunderte verschiedene Rezepte, und jeder Koch und jede Hausfrau bereitet ihn nach seiner Fasson zu – ein Gericht nach meinem Geschmack, denn auch mir juckt es immer in den Fingern, Rezepte nach meinem Gusto zu verändern. Schließlich ist Kochen keine Wissenschaft, sondern eine Kunst!

Wer die Bretagne besucht, sollte unbedingt eine Plateaux de fruits de mer, die Meeresfrüchteplatte, probieren. Eine echte bretonische Meersfrüchteplatte sollte mindestens drei Sorten Schalentiere und drei Muschelsorten enthalten, die je nach Jahreszeit variieren. Besonders beliebt sind Taschenkrebse, Austern, Teppich- und Venusmuscheln und Strandschnecken. Die Bretonen legen viel Wert darauf, dass mit ihrer Meeresfrüchteplatte kein Pfusch getrieben wird:

40

Viele bretonische Restaurants haben sich der Qualitäts-Charta »charte du plateau de fruits de mer frais bretons« angeschlossen, die sich für Frische der Zutaten und saisongerechte Zusammenstellung einsetzt. Und selbstverständlich sind Crêpes die bekannteste Köstlichkeit aus der Bretagne, ob süß oder herzhaft. Dann aber sind sie mit Buchweizenmehl gebacken und heißen Galettes. Dazu trinkt man gerne einen echten Cidre de Bretagne, einen leicht schäumenden Apfelwein.

∗ Ein Koch ganz in Schwarz

La Roche Mathieu, das Restaurant von Christophe Audic, liegt am Rande von Batz-sur-Mer, einer kleinen Stadt inmitten der Salzfelder von Guérande. Salz ist das A und O der ganzen Region, und auch mein Gastgeber Christoph liebt es salzig. Außerdem ist er der einzige Koch, den ich kenne, der sich in Schwarz kleidet und dabei auch nie eine Ausnahme macht. Nur die Mütze, die ist weiß. Aber nur, weil es sie nicht in Schwarz gibt, versichert er mir. Sein Restaurant ist fantastisch gelegen; direkt auf einem Fels gebaut, bietet es einen herrlichen Blick auf das raue Meer.

∗ Hier zieht der Fisch sich warm an

Bar en croûte – das bedeutet Wolfsbarsch im Salzmantel. Der Fisch wird in Salz eingelegt, das dann zu einer festen Kruste gebacken wird. So bleibt der feine, milde Eigengeschmack des Fisches erhalten. Das Salz für die Kruste stammt aus den Salzfeldern der Guérande. Schön feucht muss es sein, dann kocht sich das Rezept von allein, sagt Christoph.

∗ Salz

Das weiße Gold, hieß es im Mittelalter. 160 große Salinen gab es noch vor 100 Jahren an der Kanal- und Atlantikküste. Ende der 70er-Jahre war nur eine einzige geblieben, die von Guérande. Das Salz der Guérande ist bei Feinschmeckern beliebt. Das Prinzip

41

der Salzgärten ist einfach: Die Flut spült Wasser in die Gärten, über Kanäle in kleinere Becken. Wasser verdunstet nach und nach, das Salz aber bleibt. Schließlich liegt der Salzgehalt nicht bei 30 Gramm pro Liter, sondern bei 250 Gramm! Das Salz kristallisiert zu kleinen, weißen Brocken. Und die ernte ich jetzt mit einer langen, großen Kelle, so wie es mir Monsieur Jean-Luc Peltier, einer der hiesigen Salzbauern, gezeigt hat. Es ist noch feucht, für Wolfsbarsch in Salzkruste also perfekt. Früher hat die Familie von Jean-Luc vom Salz gelebt, jetzt ist es Hobby und Zubrot. Salicornes, wildwachsende Meeresbohnen, die Christophe als Beilage zu seinem Barsch serviert, nehme ich auch gleich mit.

✳ Wolfsbarsch

Der Wolfsbarsch, auch Loup der Mer genannt, zählt unter Profiköchen zu den Edelfischen, da das zarte weiße Fleisch schön fest und mager ist. Er verfügt außerdem über einen sehr aromatischen und delikaten Eigengeschmack, ob pochiert, gebraten oder am Stück im Salzmantel, und hat den großen Vorteil, relativ wenig Gräten zu haben. Die Fangart mit Langleinen ist sehr aufwändig, was den Marktpreis des Fisches zusätzlich hochtreibt.

✳ Mein Wolfsbarsch muss Geduld beweisen

Christoph zeigt mir, wie man den Barsch über die Kiemen ausnimmt. Er packt den Fisch bei den Kiemen, langt hinein und zieht einen Teil der Innereien heraus. Ich versuche, es ihm gleich zu tun, doch was so einfach aussieht, ist ziemlich schwierig (je größer der Fisch, desto schwieriger, tröstet mich Christoph) … und nicht sehr appetitlich. Aber das ist eben meine Arbeit.

Allerdings … dasselbe mit einer Kuh zu machen stelle ich mir nicht so toll vor. Dann würde ich wohl streiken. Jetzt noch die kleinen Flossen abschneiden. Fertig!

* Wolfsbarsch in Salzkruste

Zutaten für 4 Personen
5 Schalotten
Weinessig
Muscadet
frisch gemahlener Pfeffer
1 EL Crème fraîche
eine kräftige Prise Fenchelpulver
300 g leicht gesalzene Butter
1 Wolfsbarsch von etwa 2 kg
Thymian, Fenchel und Sellerie zum
Würzen
Meersalz aus der Guérande

1. Für die Sauce, die Beurre Blanc, die Schalotten mit dem Messer sehr fein hacken und mit 50 ml Weinessig, 50 ml Muscadet und dem frisch gemahlenen Pfeffer in eine schwere Kasserolle geben. * Kurz aufkochen, dann bei schwacher Hitze stark einkochen lassen.

2. Den Fisch zum Ausnehmen nicht am Bauch aufschneiden, sondern Kiemen und Innereien über den Kopf entfernen. * Den Fisch auf keinen Fall schuppen, sondern nur innen und außen gründlich waschen und mit Küchenpapier trockentupfen. Anschließend den Barsch mit klein geschnittenem Thymian, Fenchel, Sellerie und etwas frisch gemahlenem Pfeffer füllen.

3. Für die Salzkruste ein mit Alufolie ausgelegtes Backblech ca. 1 cm dick mit feuchtem Meersalz bestreichen. * Die bestrichene Fläche muss etwas größer sein als der Fisch. * Den Fisch auf das Salz legen und mit einer weiteren, ebenfalls ca. 1 cm dicken Salzschicht vollständig bedecken. * Die Salzkruste andrücken und den Fisch mit Alufolie abdecken. * Anschließend ca. 25 Minuten bei 250 °C im Ofen garen, herausnehmen und ca. 5 Minuten ruhen lassen. * Den Fisch in Salzkruste auf eine Servierplatte geben und die Alufolie entfernen.

4. Während der Garzeit des Fisches die Sauce fertigstellen. * Hierzu einen EL Crème fraîche und eine kräftige Prise Fenchelpulver zu den Schalotten in den Kochtopf geben und aufkochen lassen. * Die in Stücke geschnittene kalte Butter mit einem Schneebesen nach und nach unterziehen.

5. Bei Tisch die Salzkruste mit einem breiten Messer seitlich einschneiden und öffnen (mit der Salzkruste löst sich die Haut vom Fisch). * Den Wolfsbarsch mit einem Fischbesteck filetieren. * Einen Teller für Salz und Gräten bereitstellen * Die Filets mit der Beurre Blanc auf vorgewärmten Tellern anrichten.

Cordes sur Ciel

... wo der Schokoladenkönig wohnt

Chère Sarah,
Sie haben eine Verabredung mit Yves Thuriès.
Er erwartet Sie im Musée du sucre in Cordes
sur Ciel. Er hat eine kleine Überraschung aus
Schokolade für Sie vorbereitet.
Miam!

Hôtel Restaurant Le Grand Ecuyer
Yves Thuriès
Haut de la Cité
81170 Cordes sur Ciel
Tel. 00 33 5 63 53 79 50
www.legrandecuyer.fr
www.thuries.fr

Was für eine schöne Überraschung.
Endlich eine süße Mission.
Und dazu noch aus Schokolade!
Das Leben ist manchmal doch ein
Wunschkonzert.

✳ Über den Wolken

Cordes sur Ciel trägt seinen Namen zu Recht. Im 13. Jahrhundert wurde es
auf einem Hügel erbaut, direkt unter dem Himmel. Yves Thuriès ist der
berühmteste Einwohner der Stadt. Schon in jungen Jahren entschied er sich
für den Beruf des Konditors und arbeitete ehrgeizig daran, König der
Chocolatiers zu werden. Heute werden seine Schokoladen und Pralinen bis
nach Japan verkauft.

Schon zwei Mal wurde er zum »meilleur ouvrier de France« ernannt –
zum besten Konditor Frankreichs. Für das Konditorenhandwerk schlägt sein
Herz. Er sieht sich vor allem als Konditor-Koch und nicht, wie viele andere

Sterneköche, die ebenfalls Restaurants besitzen, als Koch, der auch das Patissierhandwerk beherrscht.

Außerdem werden seine Bücher wie echte Kochbibeln gehandelt.

Cordes sur Ciel ist mit seinen tausend Spitzbögen und fünf Festungsmauern eine wunderschöne Stadt, die ihre Hochzeit im Mittelalter hatte. In den folgenden Jahrhunderten verlor sie immer mehr an Bedeutung für die Region und als Yves Anfang der 80er-Jahre hierherzog, fand er die Häuser verlassen, die Gebäude verfallen. Eine Geisterstadt. Und er machte sich daran, die Stadt wiederzubeleben und die Geister zu vertreiben. Heute ist Cordes ein Touristenmagnet. Yves gehören das Zuckermuseum, zwei Restaurants und zwei Hotels.

Doch davon ahne ich nichts. Ich erwarte einen kernigen Bäcker aus der Provinz und werde von einem distinguierten älteren Herrn in luxuriösem Ambiente empfangen. Seine Konditorei liegt in einem alten cordischen Haus mit Innenhofbalkon, der vor der Hitze schützt. Im Hof ist gedeckt; hier koste ich zum ersten Mal andächtig das aufwändig dekorierte Kunstwerk, das meine nächste Aufgabe sein soll: eine Schokoladentorte. Ganze 350 Gramm Schokolade mit 70 Prozent Kakaoanteil, Eier, Zucker, Sahne, Vanille und so weiter …

Eben hatte ich noch gedacht, Schokotorte kann doch jeder. Jetzt verlässt mich der Mut. Das scheint mir wirklich sehr schwer zu sein, vertraue ich meine Sorge meinem neuen Paten Yves an. Aber nein, winkt er ab. Alles halb so wild. Na ja, für ihn vielleicht …

Yves und ich beschließen, eine frische Erdbeersauce zu dem Gâteau au chocolat zu servieren, denn ein fruchtiger Geschmack schmeckt hervorragend zur kräftigen Schokolade.

20 Kilometer außerhalb von Cordes sur Ciel sammle ich meine Erdbeeren selber. Dort betreiben Roland Munich und seine Frau eine Obstplantage. Sie zeigen mir ihre Erdbeerfelder, auf denen sie Marais des bois anbauen,

eine von weltweit 1000 Sorten mit vielfach sehr poetisch klingenden Namen wie Mieze Schindler und Rafzusen-Petrina. Ich säubere die Früchte einfach mit der Hand und probiere sie direkt vom Feld. Ein Fehler, denn die kleinen, roten Köstlichkeiten schmecken so fantastisch, dass ich gar nicht mehr aufhören kann …

✳ Die Erdbeere

Die Erdbeere ist ein Mogelpackung, wenn auch eine überaus köstliche. Denn eigentlich ist sie keine Beere, sondern eine Sammelnussfrucht.

Die Hauptangebotszeit heimischer Erdbeeren ist von Mai bis August. Zweimaltragende Sorten können sogar bis Frostbeginn geerntet werden. Das Angebot im deutschen Frühjahr bzw. während der kalten Jahreszeit stammt vor allem aus Italien, Spanien, Israel oder Übersee – teuer und leider oft geschmacklos. Oft ist nicht nur Importware, sondern auch heimische konventionelle Ware sehr stark belastet. Von der Saat bis zum Transport und Lagerung hat die Erdbeere viel zu erdulden und wird mit Pestiziden, Herbiziden, Wachstumsreglern, Harzen, Wachsen und Düngemitteln traktiert. Im Bio-Anbau dagegen werden alternative Bearbeitungsmethoden und umweltverträgliche Mittel eingesetzt, die jedoch einiges mehr an Handarbeit bedeuten – und damit leider einen höheren Preis.

Eine längere Lagerung von Erdbeeren ist heikel, da die Früchte sehr empfindlich sind. Am besten kaufen Sie daher immer frisch ein. Die Farbe der Erdbeeren ist jedoch kein Garant für süße und aromatische Früchte, die kann man heutzutage allzu leicht mit künstlichen Mitteln herbeiführen!

Tipp: Erst ernten, wenn die Frucht zu ⅔ rot gefärbt ist. Und: Den Stielansatz erst nach dem Waschen entfernen, sonst verliert die Erdbeere an Geschmack.

✳ »Das ist ja kein Kochen mehr, das ist Kunst!«

Yves hat mir jeden Schritt des komplizierten Rezeptes auf einer großen Tafel aufgeschrieben – viel Arbeit wartet auf mich!

Sorgsam wiege ich alles ab, wie Yves es mir aufträgt, und komme mir vor wie in einer Apotheke. »Die Konditorei ist eine genaue Wissenschaft, im Gegensatz zum Kochen«, bestätigt Yves. »Da kann man nach der Fantasie gestalten, hier sollte man bei den Mengenangaben sehr genau sein. Dann kann man erfinden.« Bei der Dekoration allerdings lebe ich meine künstlerische Seite frei aus, tupfe, male und schabe wunderschöne Formen aus erkalteter

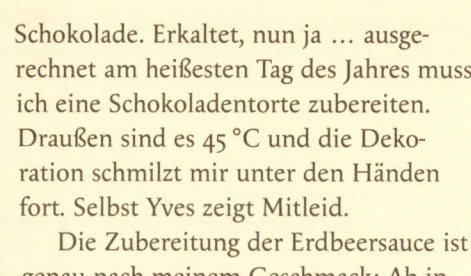

Schokolade. Erkaltet, nun ja … ausge-
rechnet am heißesten Tag des Jahres muss
ich eine Schokoladentorte zubereiten.
Draußen sind es 45 °C und die Dekoration schmilzt mir unter den Händen
fort. Selbst Yves zeigt Mitleid.

Die Zubereitung der Erdbeersauce ist
genau nach meinem Geschmack: Ab in
den Mixer, Puderzucker und ein wenig
Zitronensaft dazu und draufdrücken.
Einfach, aber köstlich!

Wenn ich gewusst hätte, wie berühmt
Yves ist, hätte ich wahrscheinlich noch
ein bisschen mehr Respekt gehabt.

Beim Abschied verkünde ich: Ab
heute ist Fastenzeit … bis zum nächsten
kulinarischen Abenteuer!

Le Musée de l'Art du Sucre
(et du chocolat) de Cordes
34 Grand rue Raimond VII
à Cordes-sur-Ciel
Von Juni bis September geöffnet
Ein Besuch lohnt sich, hier sind
die wunderschönen Skulpturen
ganz aus Zucker!

* Schokoladentorte mit Erdbeeren

Schokoladen-Mürbeteig
75 g gesiebtes Mehl
8 g gesiebtes Kakaopulver
70 g kalte Butter in Würfeln
35 g geriebene Mandeln
35 g Puderzucker

Alle Zutaten in der
Küchenmaschine zu einem
Teig kneten und ausrollen. *
Im Ofen bei 160 °C
ca. 18 Minuten backen.

Leichter Schokoladen-Biskuit
5 ganze Eier
125 g Zucker

50 g Mehl
50 g Kartoffelstärke
25 g Kakaopulver

Eier und Zucker in der Küchenmaschine steif schlagen und die gesiebte
Mischung aus Mehl, Kartoffelstärke und Kakaopulver unterheben. *
Bei 170 °C in 30–35 Minuten zwei runde Biskuitböden backen. Im Kühl-
schrank abkühlen lassen.

Vanille-Schokoladen-Mousse
1 Bourbon-Vanilleschote
150 ml Milch
100 ml Sahne

3 Eigelb
50 g Zucker
350 g dunkle Schokoladenkuvertüre
450 g geschlagene Sahne

Vanilleschote aufschlitzen und auskratzen, Schote und Mark in Milch und
Sahne ziehen lassen. * Eigelb mit Zucker weißschaumig schlagen und
eine Englische Creme zubereiten. * Die Creme durch ein feines Sieb auf
die zerkleinerte Kuvertüre gießen. * Gut umrühren, die Mischung etwas
abkühlen lassen, dann die Schlagsahne unterziehen und die Mousse sofort
verarbeiten.

Vanillesirup

500 g pürierte Erdbeeren

Kakaogelee

150 ml Wasser
180 g Zucker
120 ml Sahne

60 g Kakaopulver
3 Blatt eingeweichte und
ausgedrückte Gelatine

Wasser, Zucker und Sahne zum Kochen bringen. * Kakaopulver hinzufügen,
3 Minuten lang kochen lassen und dann die Gelatine hinzufügen. * Durch ein
Sieb passieren und zum Abkühlen in den Kühlschrank stellen.

Zusammensetzen der Torte

1. Aus einem 6 cm hohen Tortenring einen Kreis von 24 cm Durchmesser
formen und mit dem Schokoladen-Mürbeteig auslegen.

2. Eine dünne Schicht Vanille-Schokoladen-Mousse darübergießen und den
ersten Biskuitboden daraufsetzen. * Den Biskuit mit Vanillesirup tränken
und mit Mousse bedecken.

3. Die frischen pürierten Erdbeeren darauf
verteilen.

4. Die Erdbeeren wieder mit Mousse überziehen
und den zweiten, mit Vanillesirup getränkten
Biskuitboden darauflegen.

 Für alle, die das
Erdbeerpüree
etwas flüssiger
mögen: einfach Wasser
hinzugeben. Mineral-
wasser dagegen macht
das Püree dickflüssiger!

5. Eine letzte Schicht Mousse darauf glatt streichen
und die Torte eine gute Stunde in den Kühlschrank
stellen. * Den Tortenring entfernen und die Torte
mit Kakaogelee überziehen. * Nach Geschmack
verzieren.

Die Torte
bis kurz vor
dem Servieren
im Kühlschrank lagern.

Ahetze

... wo ich die Ehrenchili verliehen bekomme

Chère Sarah,
hier Ihr nächster Auftrag: Chipirons basquaise.
Christian Duplaissy erwartet Sie zur Mittagszeit.
Ostalapia heißt sein Gasthof in Ahetze.

La Ferme Ostalapia
Christian Duplaissy
2621 chemin d'Ostalapia –
64210 Ahetze
Tel. 00 33 5 59 54 73 79
www.ostalapia.com

Chipirons? Ich habe keine Ahnung, worum es sich handeln könnte. In meinen Ohren klingt es wie kleine Paprika, Chilis. Auf jeden Fall etwas Kleines. Der Franzose, den ich vorher befragte, wusste es auch nicht ...

∗ Ein Rugbyspieler am Herd

Das Baskenland liegt ganz im Südwesten Frankreichs, am Atlantik, an der Grenze zu Spanien. Die Landschaft ist bergig und bekannt für seine stolzen Bewohner, schmucken Städte und scharfen Chilis, in Frankreich »Piment« genannt. Die Basken sind zwar Franzosen, pflegen aber daneben auch ihre eigene Sprache, und so sind alle Orts- und Straßenschilder zweisprachig.

Die baskische Küche ist würzig und kräftig. Hier treffen sich französische und spanische Einflüsse. Und sie schwört auf Chilis. So auch mein Gastgeber Christian Duplaissy. Früher war er professioneller Rugbyspieler, jetzt ist er

Chef und Inhaber des Gasthofes Ostalapia. Früher hat er viel ausprobiert, ist viel gereist, aber erst mit seinem Restaurant ist er so richtig glücklich geworden. Hier serviert er nun vor traumhafter Kulisse einheimische Köstlichkeiten.

Als ich auf die Terrasse trete, habe ich einen atemberaubenden Blick und fühle mich wie in Österreich: Kühe, Berge, Wein … selbst die Tischdecken sind rot und weiß kariert. Von meinem Paten erfahre ich, dass Chipirons kleine Tintenfische sind. Und ich lerne, dass es im Baskenland angeblich kein Pendant zum deutschen Prost gibt. Hier wünscht man sich gegenseitig Intelligenz. Gesund sei man ja schon, lächelt Christian.

✱ Scharfe Schoten

Bei der Familie Olhagaray erhalte ich das süßlich-fruchtige Chili-Pulver für meine Sauce Basquaise, meine baskische Sauce. Auf dem Feld erklärt er mir die verschiedenen Entwicklungsstadien der Chilipflanze: Zuerst erscheint die Knospe, dann die Blüte und schließlich wieder eine kleine grüne Frucht, die dann zu der länglichen Chiliform heranwächst, erst grün wird, dann schließlich die typisch rote Farbe bekommt. Im August/September werden die roten Früchte geerntet, zu Zöpfen gebunden und im Gewächshaus an der Luft getrocknet. Ganze zehn Monate und länger braucht ein Zopf, bevor die Schoten dann zu Pulver gemahlen werden.

Ich nehme gleich zwei Gläser, weil man mir verspricht, dass dieses Chilipulver nicht brenne, sondern angenehme, aromatische Schärfe ins Gericht bringe. Und einen Zopf trockener Schoten nehme ich auch gleich mit.

Familie Olhagaray
Ithurriena
64480 Larressore
Tel./fax: 00 33 5 59 93 20 25

51

* Chili

Die scharfe Schote ist erst seit dem 15. Jahrhundert in Europa zu finden. Früher gab es nur den teuren schwarzen Pfeffer aus Indien. Dann brachte Christoph Kolumbus die Chilis aus Südamerika mit.

Die diversen Chilisorten verdanken ihre unterschiedliche Schärfe dem individuellen Capsaicin-Gehalt.

Der ganze Stolz der Basken ist die Piment d'Espelette, eine besondere Chilisorte, die nur den milden 3. Platz auf der Schärfeskala von 1 bis 10 erreicht. In der gleichnamigen Stadt Espellette gibt es jedes Jahr im Oktober »la fête du Piment«, ein Fest, wo sich alles um die rote Schote dreht. Und zu Recht: Piment d'Espelette trägt das AOC-Siegel (Appellation d'Origine Contrôlée) und wird nur in der Region um den kleinen Ort angebaut und hergestellt. Erst nach einer offiziellen Qualitätsprüfung darf das feurige Pulver den geschützten Namen tragen. Das gefällt mir so an den Franzosen: Sie zelebrieren und schützen ihre besten Produkte! Übrigens: Piment d' Espelette kann mittlerweile in vielen Delikatessen-Geschäften bestellt werden.

* Basken essen gerne gut gewürzt

Der heutige Jurypräsident zählt zu Frankreichs wichtigsten Restaurant-kritikern: Gilles Pudlowski. Er ist bekannt dafür, nie ein Blatt vor den Mund zu nehmen. Auch zu Chili hat er eine dezidierte Meinung: »Wenn man nicht daran gewöhnt ist, nimmt man leicht zu viel. Chili sieht nach nichts aus, aber wenn man zu viel dran tut, wird es ungenießbar«. Gut, dass ich das nicht vorher weiß, denn ich habe mir vorgenommen, meine Version der Chipirons stärker zu schärfen als Christian. Und auch sonst habe ich heute eine lockere Hand. Im Rezept steht: Grüne sanfte Schoten in Ringe schneiden. Von kleinen, roten scharfen Schoten war nicht die Rede. »Essen Basken gern scharf?« frage ich. »Gut gewürzt« ist die Antwort. Von Christian ist also keine Hilfe zu erwarten. Auch gut, dann schärfe ich eben ganz nach meinem Geschmack.

Und einen Schuss Rotwein gebe ich dazu. Auch der steht nicht im Rezept. Immerhin nehme ich einen baskischen Wein. Und füge noch Tomatenmark dazu, damit die graubraune Sauce eine schönere Farbe bekommt.

Die Teller werden nach alter Tradition angerichtet: eine Seite das Meer – die Chipirons, auf der anderen das Land – die baskische Sauce. Monsieur Pudlowski hat die Güte, mein Gericht trotz der Extraschärfe als »kräftig und mild zugleich« zu beschreiben. Ich bekomme die Ehrenchili verliehen.

Gar nicht so schlecht für eine Deutsche! »Sie müssen hierbleiben, weiter-üben und noch viel lernen«, rät der Vorsitzende der Jury mir.

* Gebratene Chipirons

Zutaten für 4 Personen
1 kg Chipirons (kleine Calamari)
3 Knoblauchzehen
Petersilie

1. Die Calamari ausnehmen, waschen und den Knorpel an den Tentakeln entfernen.

2. Knoblauch und Petersilie hacken.

3. Die Chipirons auf einer stark erhitzten Plancha (einem aquitanischen Grill) braten und am Ende der Garzeit mit Knoblauch und Petersilie würzen. * Wer keinen Grill hat, kann auch eine Pfanne nehmen.

* Baskische Sauce

Zutaten für 4 Personen
2 kg Tomaten
1 kg Zwiebeln
1 kg grüne Paprikaschoten
Petersilie je nach Geschmack
8 Knoblauchzehen, gehackt
Piment d'Espelette
1 Bouquet garni (Petersilie, Thymian, Lorbeerblätter)
etwas Zucker

 Mit Chilipulver vorsichtig würzen, erst einmal nur einen gestrichenen Teelöffel. Dann lieber probieren. Chilis sind unberechenbar!

1. Tomaten häuten, entkernen und grob hacken. * Zwiebeln klein schneiden. Paprikaschoten entkernen und klein schneiden. * Petersilie im Mörser zerstampfen.

2. In einem Schmortopf Zwiebeln und Paprikaschoten anbraten. * Knoblauch, das Bouquet garni und die Tomaten hinzufügen, mit Piment abschmecken und leicht zuckern. * So lange garen, bis der Tomatensaft eingekocht ist.

Condé-Northen

... wo ich Bekanntschaft
mit der Mirabelle und dem
Kaninchen mache

Chère Sarah,
Ihre nächste Aufgabe: Kaninchen-
sauté mit Mirabellen. Jean-Marie
Visilit von La Grange de Condé in
Condé-Northen erwartet Sie voller
Ungeduld.
Amüsieren Sie sich gut!

La Grange de Condé
Jean-Marie Visilit
41 Rue Des Deux-Nieds
57220 Condé-Northen
Tel. 00 33 3 87 79 30 50

Auf dem Weg nach Lothringen macht mein Käfer schlapp. Auch die Werkstatt ist ratlos und kann keine schnelle Hilfe versprechen. Mein kleines Gefährt ist eben alt. Also reise ich per Anhalter. Ein mühseliges Unterfangen, denn meinen Daumen scheint kaum einer der Vorbeifahrenden zu bemerken.

*✴ Rückkehr zur Beständigkeit

Die traditionelle lothringische Küche ist deftig und herzhaft. Fleisch, besonders geräucherter Schweinespeck, ist die Grundlage vieler Rezepte, ebenso wie Kartoffeln, Lauch und Zwiebeln. Auch Kohl, besonders Rot- und Weißkohl, ganz besonders Sauerkraut, sind beliebt. Milch, Butter und Sahne wird reichlich zugesprochen. Die Quiche Lorraine, ein herzhafter Kuchen aus Speck, Eiern und Sahne, ist eine der bekanntesten Spezialitäten Lothringens.

Weitere Spezialitäten der Lothringer Küche sind unter anderem Potée lorraine (die lothringische Version des Pot-au-Feu mit Schweinespeck und Schweinefleisch), Andouille (Würstchen aus Innereien), Pâté lorrain (Kalb- und Schweinefleisch mit Weißwein in knusprigem Pastetenteig) und natürlich … die Tarte aux mirabelles (Mirabellenkuchen).

Denn die Mirabelle, mit der ich ja auch das Kaninchen sautieren werde, ist das Obst der Lorraine. Sie wird auch La Reine de Lorraine – die Königin Lothringens – genannt. In Lothringen, so heißt es, werden rund 70 % der gesamten Weltmirabellenproduktion geerntet.

Die Lorraine ist eine beschauliche Landschaft. Zwischen Mosel und Maas erstrecken sich kleine Hügel, malerische Dörfer und stille Straßen. Das Gasthaus La Grange de Condé ist in Familienbesitz. Jean-Marie Visilit legt Wert darauf, dass ihm kein modischer Schnickschnack in die Küche kommt.

Auch als überall auf der Welt die Nouvelle Cuisine in winzigen Häppchen serviert wurde, bekam der Gast bei ihm traditionelle Küche. Er nennt es: die Rückkehr zur Beständigkeit. Seine Spezialität: das Kaninchensauté.

✳ Kaninchen isst man hier mit Kopf

Endlich hat sich doch jemand meiner erbarmt und mich mitgenommen. Condé-Northen ist ein kleines Dorf mit 535 Einwohnern und zwei Bushaltestellen und liegt an einem Fluss. Das Restaurant von Jean-Marie Visilit ist das einzige im Dorf und nicht schwer zu finden. Der Besitzer allerdings ist überrascht, eine schlanke Köchin zu sehen. Seltsam, in ganz Frankreich scheint man sich unter einer Köchin eine kleine Tonne auf zwei Beinen vorzustellen!

La Grange de Condé liegt mitten in einem Anwesen, das einst der Bauernhof seiner Eltern war. Jean-Maries Restaurant verfügt über vier schöne einladende Speisesäle, jeder in einem anderen Stil eingerichtet. Der Raum mit dem großen Grill hat es mir besonders angetan. Gemüse, Kräuter und

Salate, die im Restaurant auf den Tisch kommen, kommen fast ausschließlich aus seinem hauseigenen Biogarten.

Als Jean-Marie mir das Kaninchensauté serviert, vertraut er mir an, dass er es mir erspart habe, den Kopf zu probieren. Denn um mehr Geschmack zu bekommen, schneidet er das komplette Kaninchen ins Sauté – samt Kopf und Augen. Tatsächlich sei der Kopf, besonders das Hirn, das Beste. Das serviert Jean-Marie normalerweise immer dem Gast. Ich weiß nicht, ob ich erleichtert oder gekränkt sein soll, dass man mich für so empfindlich hält.

✳ Im Oldtimer zum Kaninchenstall

Da mein alter Käfer immer noch nicht fahrtauglich ist, fährt mich Jean-Marie in einem Bentley S1 Continental zum nächsten Kaninchenstall. Oldtimer sind seine Leidenschaft, neben dem Kochen natürlich.

Bei Monsieur André herrscht eine klare Rollenteilung: Die Weibchen tragen den Nachwuchs aus, die Männchen wandern in den Kochtopf, sobald sie fünf Monate alt sind. Ich fange mein Kaninchen selber.

Vor meinen Augen wird es geschlachtet und gehäutet. Meine Meinung? Wenn man diese Vorstellung nicht erträgt, sollte man kein Fleisch essen. Während Dédé dem Kaninchen das Fell über die Ohren zieht, vertraue ich ihm an: »Ich weiß, ein Tier ist ein Tier und außerdem bin ich keine Vegetarierin. Aber bei so niedlichen ist es besonders schwer.« Der Züchter lacht: »Wir sind auch niedlich und müssen doch irgendwann sterben.«

✳ Kaninchen

Tipp: Ein Kaninchen sollte man langsam garen, damit das Fleisch schön zart und saftig bleibt. In der Sauce kann das Fleisch eine Woche problemlos im Kühlschrank aufbewahrt werden. Aufgewärmt schmeckt es fast noch besser!

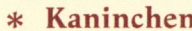

* Die Mirabelle herrscht über Lothringen

Die Mirabelle ist *das* Obst der Lorraine, überall findet man Mirabellenplantagen. Eine davon gehört Pierre Meaucourt, und dort bekommen wir heute französische Nancy-Mirabellen. Ich klettere in den Baum, um die Früchte selbst zu pflücken. Obgleich ich Jean-Marie mit meiner schlanken Figur überrascht habe, ist er jetzt doch ein bisschen besorgt, ob ich nicht zu schwer für die zarten Äste bin.

Bei Monsieur und Madame Meaucourt gibt es auch Mirabellenschnaps – eine ganze Reihe haben sie davon im Programm, der teilweise 15 Jahre in Eichenfässern lagert und viermal so teuer ist wie der einfache, den wir für unser Gericht gewählt haben. Aber der Alkoholgehalt von 46 % ist der gleiche. Jede einzelne Flasche wird per Hand mit Wachs versiegelt und gekennzeichnet. Ich darf selber einmal eine Flasche ins heiße Wachs halten (nicht zu lange, sonst platzt sie!)

Übrigens: Die Buchstaben auf dem Siegel bleiben auch Monsieur Meaucourt ein Geheimnis. Was MM heißt, hat sein Vater ihm nie verraten. Vielleicht Mirabelle Meaucourt?

Distillerie de Mirabelle
Domaine Legrand Jacques
Pierre Maucourt
2 rue des Vignerons
57420 Marieulles-Vezon
Tel. 00 33 3 87 52 80 72

Obwohl mir das Rezept sehr gut gefällt und ich es gerne noch einmal nach-kochen würde, hat mich mein Besuch in den Kaninchenställen doch nachhaltig beeindruckt. Meine Reise bringt mein Dilemma immer wieder aufs Neue auf den Punkt: Woher soll das Kaninchen für dieses außerordentlich köstliche Gericht kommen, Himmelherrgott? Noch einmal würde ich es nämlich nicht vom Züchter abholen …

✳ Kaninchen mit Mirabellen und Senf

Zutaten für 8 Personen
2 Stallkaninchen (je etwa 1 kg)
100 g Schalotten
 50 g Butter
5 cl Olivenöl
Salz
frisch gemahlener Pfeffer
6 Suppenlöffel Mirabellenschnaps
20 cl Weißwein
1 ¼ l gebundener (dickflüssiger)
Kalbsfond

1 Bouquet garni (Petersilie,
Thymian, Lorbeer)
frischer Thymian, Bohnenkraut
und Rosmarin
gewürfeltes Gemüse (Karotten,
Perlzwiebeln und Lauchgrün)
Senf (nach Geschmack)
800 g Mirabellen

1. Die Kaninchen vorbereiten und zerlegen: Kaninchen ohne Pfoten, Köpfe und Schlachtabfälle jeweils in 8 Teile zerlegen – 2 Keulen, 1 Rückenspitze, 1 Rückenmittelteil, 1 Rückenendteil, 1 Rippenstück, 2 Vorderläufe ✳ Beiseitestellen.

2. Die Schalotten schälen und sehr klein schneiden. ✳ Auf einem kleinen Teller bereitstellen.

3. In einem flachen Schmortopf 50 g Butter und 5 cl Olivenöl erhitzen. ✳ Die Kaninchenteile von allen Seiten mit Salz und frisch gemahlenem Pfeffer würzen und im heißen Fett anbraten. ✳ Mit der Kochgabel wenden, bis das Fleisch rundum gut gebräunt ist. ✳ Mit Mirabellenschnaps ablöschen. ✳ Nun das Fett vollständig abgießen, indem man den Schmortopf bei fast geschlossenem Deckel schräg hält.

4. Die Schalottenstücke in den Topf geben, leicht anschwitzen, aber nicht braun werden lassen. ✳ Mit Weißwein ablöschen und auf die Hälfte einkochen. ✳ Den gebundenen Kalbsfond dazugeben und abschmecken.

5. Ein kleines Bouquet garni vorbereiten und zusammen mit dem Thymian, Bohnenkraut und Rosmarin in die Sauce geben. Das gewürfelte Gemüse in den Topf geben und das Ganze zum Kochen bringen. ✳ Ca. 1 Stunde bei geringer Hitze schmoren lassen.

6. Die Kaninchenteile aus der Sauce nehmen und in eine andere Schüssel geben. ✳ Die Sauce, falls nötig, entfetten, binden und abschmecken. ✳ Senf und Mirabellen in den Topf geben und 5 Minuten auf kleinster Flamme köcheln lassen, da die Früchte sehr empfindlich sind. ✳ Zum Servieren auf einer Platte anrichten.

Mirabellen erst ganz zum Schluss beifügen, sonst verkochen sie zu Brei.

Niedermorschwihr

... wo ich lerne, wie verwöhnt sich ein Hefeteig benehmen kann

Relais des Trois Épis
Christine Ferber
18, rue des trois epis
68230 Niedermorschwihr
Tel. 00 33 3 89 27 05 69

Chère Sarah,
in Niedermorschwihr wartet ein
Gugelhupf mit Zwetschgenkonfitüre
auf Sie. Christine Ferber verrät Ihnen
sein Geheimnis in ihrer Konditorei
Le Relais des Trois Epis.
Guten Appetit!

Ein Gugelhupf! Ich liebe Dessert, und als Österreicherin ist ein Gugelhupf fast ein Heimspiel für mich. Also aufs Fahrrad und los!

✳ Japaner in Niedermorschwihr

Angeblich soll Marie-Antoinette diese Köstlichkeit an den französischen Hof gebracht haben. Glaubt man den Elsässern, besagt die Legende, dass die Heiligen Drei Könige auf ihrem Rückweg von Bethlehem im Elsass Rast gemacht haben. Sie wurden dort so herzlich empfangen, dass sie ihrem Gastgeber zum Dank einen Kuchen backten – einen Gugelhupf.

Im Elsass hat jeder Bäcker sein Geheimrezept, der Hefekuchen wird hier vielerorts zum Kunstwerk erhoben. Zu allen gesellschaftlichen Ereignissen und Festen wird Gugelhupf serviert, übrigens nicht zusammen mit Kaffee oder Tee, sondern mit einem fruchtigen Weißwein, der hervorragend zu den Rosinen im Teig und zur Konfitüre passt.

Niedermorschwihr liegt westlich von Colmar und lebt vom Weinanbau, vor allem Riesling und Gewürztraminer. Das Dreihundert-Seelen-Dorf war einmal die Kulisse einer japanischen Fernsehserie und steht deshalb auf der obligatorischen Reiseroute vieler Touristen aus Fernost.

✳ Für Gugelhupf braucht man kein Rezept ...

... sagt meine Gastgeberin. Christine Ferber ist Bäckerin und Konditorin in der vierten Generation. Ihre Wiege stand neben der Backstube. Schon früh hatte sie den Ehrgeiz, so gut Gugelhupf zu backen wie ihr Vater, doch sie bekam immer wieder zu hören: Er ist fast so gut wie meiner. Fast! »Mein Vater hat mir nicht beigebracht, wie man Teig macht. Er hat mir nur gesagt: Genügend Mehl und genügend Hefe. Für einen guten Gugelhupf gibt es kein Rezept. Es muss im Inneren liegen, Herz darin sein. Nur dann kann er gelingen.«

Außer für ihren Gugelhupf ist Christine auch berühmt für ihre Konfitüren aller Art – weltweit ist sie als The Queen of Jam bekannt. Ihre Kreationen,

unter denen man Köstlichkeiten wie Erdbeeren mit frischer Minze und Pfeffer, Mango mit Koriander und grüner Zitrone oder Helle Kirschen mit Rosenblättern findet, verfeinert sie gerne mit einem Schuss Pinot Noir.

Als ich nach meiner kleinen Tour d'Alsace außer Atem die Konditorei erreiche, kommt Christine Ferber mir schon entgegen, eine ruhige und bedächtige Frau, in der Hand einen frisch gebackenen Gugelhupf. Zum Kuchen gibt es selbstverständlich ihre weltberühmten Konfitüren, von denen jede in einem extra für Christine angefertigten Kupferkessel in kleinen Mengen gerührt wird. Der Gugelhupf ist perfekt, der Teig leicht und locker, die Zwetschgenkonfitüre unvergleichlich. Ich nehme mehrfach nach; nach der anstrengenden Fahrradtour muss ich mich schließlich stärken. Und morgen erwartet mich ein gutes Stück Arbeit. Der Gugelhupf sieht so unschuldig aus, aber ich weiß, er ist nicht einfach. Zudem jagt mir Christine einen gehörigen Schrecken ein, als sie mich für fünf Uhr bestellt. »Am Nachmittag?«, frage ich ungläubig. Nein, morgens! Ein Konditor ist ein Frühaufsteher, wie der Bäcker.

✳ Die Zwetschge

Die Zwetschge schmeckt in vielen Formen: ob nun pur als frisches Obst, als Kuchenbelag oder eingemacht als Marmelade oder Mus (Powidl in Österreich), im Knödel, als Fleischfüllung oder in Saucen. Sie passt hervorragend zu vielen Süßspeisen, aber auch zu herzhaften Gerichten und hat den großen Vorteil, dass die Steine sich einfach entfernen lassen. Außerdem ist die Zwetschge vitaminreich (Vitamin A, B und C) und regt die Nieren- und Darmtätigkeit an.

Achten Sie beim Einkauf darauf, dass die Frucht nicht überreif, aber auch nicht zu grünlich ist. Ein besonderes Qualitätsmerkmal ist die natürliche Wachsschicht. Sie schützt die Früchte vor Feuchtigkeitsverlust und sollte deshalb erst kurz vor dem Verzehr abgewaschen werden.

Sie dürfen ruhig säuerlich schmecken, das ist gut für Konfitüre oder für einen Kuchen. Beim Einkochen entwickelt sich der Geschmack noch stärker.

✳ Ein Kuchen nur für Frühaufsteher

Um zwölf Minuten vor fünf quäle ich mich aus dem Bett und trotte durch die dunklen Straßen in die Backstube, um das erst Mal den Teig zu kneten. Dann muss er ruhen. Das würde ich jetzt auch gerne tun. Stattdessen entsteine ich Zwetschgen. In der Bäckerei ist es ruhig. Alle arbeiten und scheinen dabei zu meditieren, wie in einem Zentempel. Doch um sechs Uhr beginnen die Kirchenglocken zu läuten. Ich kann kaum glauben, dass um diese Zeit schon eine Messe stattfindet. Das ist das Angelus-Läuten, klärt man mich auf. Die Glocken erklingen zum Gebet um sechs, um elf, mittags zum Essen und um acht Uhr vor dem Schlafengehen. Christine findet es merkwürdig, dass so viele Leute auf dem Land leben wollen, sich dann aber, wenn sie dort sind, plötzlich vom Hahn des Nachbarn gestört fühlen. Die Dorfbewohner seien glücklich mit dem Angelus-Läuten und mit dem Hahn. Aber ich als passionierte Langschläferin weiß, ich würde auch gerne jedem Hahn, der vor neun Uhr schreit, den Hals umdrehen …

✳ Für einen Gugelhupf braucht man Geduld

Den ganzen Tag über wird er geknetet, zur Seite gestellt, wieder geknetet. Und laut Christine ist er sehr heikel, was die Temperatur angeht, in der er sich ausruhen darf. Bevor wir ihn ein letztes Mal ruhen lassen, streichelt Christine den Teig zum Abschluss noch einmal, so als würde sie ein Baby wickeln. »Ganz schön kompliziert, deine Kinder«, necke ich sie. »Ich mag keine einfachen Sachen. Man langweilt sich schnell, wenn es zu einfach ist.«

✳ Jeder Gugelhupf ist so unterschiedlich wie sein Meister

Obwohl Christine und ich genau das Gleiche gemacht haben, ist ihr Kuchen doch ganz anders gelungen als meiner. Die Textur meines Werkes war nicht so locker wie ihrer (was sie allerdings, freundlich wie sie ist, nicht angemerkt hat). Daran erkennt man, dass auch die unterschiedlichen Charaktere der Menschen beim Kochen einen wesentlichen Einfluss haben. Und mit diesen weisen Worten verlasse ich Niedermorschwihr.

✳ Gugelhupf

Zutaten für 1 kg Gugelhupf-Teig
100 g Rosinen
1,5 cl Kirschwasser
1,5 cl Wasser
100 g und 300 g Weizenmehl
25 g frische Hefe
200 ml kalte Vollmilch
eine grobe Prise Salz

60 g Zucker
1 kleines Ei (ca. 40 g)
180 g zimmerwarme Butter
50 g ganze geschälte Mandeln
Puderzucker zum Bestreuen

Sie benötigen
eine Gugelhupf-Form für 1 kg Teig

1. Die Rosinen mit Kirschwasser und Wasser in einer Schüssel einweichen.

2. 100 g Mehl in ein Gefäß sieben und mit der Hefe und der Milch verrühren. Das ist der sogenannte Vorteig. ✳ Mit einem sauberen Küchentuch abdecken und bei Zimmertemperatur (ca. 22 °C) etwa 15 Minuten gehen lassen.

3. 300 g Mehl auf die Arbeitsfläche sieben und eine Mulde hineindrücken, Salz und Zucker am Rand der Mulde verteilen. ✳ Den Vorteig und das Ei in die Mulde geben. ✳ Das Mehl nach und nach vom Rand in die Mitte einarbeiten, dabei den Teig ungefähr 5 Minuten lang kräftig kneten. ✳ Mit der Zeit wird der Teig heller. Er ist fertig, wenn er sich von den Fingern löst. ✳ Die zimmerwarme Butter dazugeben und gut unterkneten. ✳ Der Teig ist nun schön glänzend und geschmeidig.

4. Die eingeweichten Rosinen hinzufügen und noch etwas weiterkneten. ✳ Aus dem Teig eine Kugel formen, in eine große Schüssel legen und mit einem Tuch zudecken. ✳ Den Teig eineinhalb Stunden bei Zimmer-

 Einen Gugelhupf schneidet man immer entlang der Rillen in Scheiben.

 Der Gugelhupf-Teig kann auch in der Küchenmaschine zubereitet werden, dann wird er besonders glänzend und geschmeidig.

temperatur (22 °C) gehen lassen. ✳ Wenn der Teig sein Volumen fast verdoppelt hat, noch einmal kurz mit den Händen durchkneten. ✳ Wieder zudecken und weitere 20 Minuten gehen lassen.

5. Die Mandeln 1 Minute lang in sehr heißes Wasser tauchen. ✳ Die Kuchenform großzügig buttern und in jede Rille eine ganze Mandel legen. ✳ Nun kommt der Teig in die Kuchenform und wird wieder zugedeckt, damit er in der Form noch einmal etwa eineinhalb Stunden bei Zimmertemperatur gehen und sein Volumen ungefähr verdoppeln kann.

6. Den Backofen auf 200 °C (Gas Stufe 7) vorheizen. ✳ Bevor der Gugelhupf in den Ofen geschoben wird, die Temperatur auf 180 °C (Stufe 6) herunterschalten. Etwa 45 Minuten goldbraun backen. ✳ Den Gugelhupf aus der Form auf ein Kuchengitter stürzen und abkühlen lassen. Zum Schluss mit Puderzucker bestreuen.

✳ Elsässer Zwetschgen

Zutaten für 5–6 Gläser
1,2 kg Zwetschgen aus dem Elsass (netto 1 kg)
1 kg Kristallzucker
Saft einer kleinen Zitrone

1. Zwetschgen kurz kalt abspülen, mit einem Tuch abtrocknen, aufschneiden und entsteinen. ✳ Die vorbereiteten Früchte in einer Schüssel mit dem Zucker und dem Zitronensaft vermengen. ✳ Eine Stunde lang ziehen lassen, dann in einen Marmeladekochtopf geben und 1 Minute aufkochen lassen. ✳ Anschließend das Obst wieder in die Schüssel geben, mit Backpapier abdecken und über Nacht kalt stellen.

2. Am nächsten Tag die Zwetschgen erneut aufkochen und 5 Minuten lang bei hoher Temperatur kochen lassen; dabei vorsichtig umrühren. ✳ Den Schaum sorgfältig abschöpfen. ✳ Noch einmal 5 Minuten lang unter ständigem Rühren kochen. ✳ Eventuell noch vorhandenen Schaum wieder abschöpfen. ✳ Die Früchte weiter kochen, bis die Flüssigkeit geliert, wenn man einen Tropfen auf einen Teller gibt. ✳ Die Konfitüre dann sofort in Marmeladegläser füllen und verschließen.

Le Sambuc

… wo auch Stiere Karriere machen können
(und sollten …)

Restaurant l'Estrambord
Eric Lacanaud
Le Sambuc
13200 Arles
Tel. 00 33 4 90 97 20 10
www.estrambord.free.fr

Chère Sarah,
Eric Lacanaud hat für Sie geschmorte
Stierbacken sauvagines und Vollkornreis
zubereitet. Er erwartet Sie in seinem
Bistro l'Estrambord in Le Sambuc.
Bon courage!

Auf die Camargue freue ich mich. Vor langer Zeit war ich dort eine Zeit lang
Schäferin. Aber das ist bestimmt schon 30 Jahre her.

✳ Kämpfen oder sich backen lassen – das Los eines Stieres in der Camargue

Die Camargue, zwischen den beiden Mündungsarmen der Rhône gelegen,
ist ein Brackwassergebiet, wo sich Meer und Land den Platz streitig machen.
Die Salzseen und Lagunen der Camargue sind Brutplatz für Flamingos, die das
Landschaftsbild ebenso prägen wie die wilden Stiere und die Reisfelder.

Le Sambuc liegt im Südwesten der Provence inmitten der Camargue.
Es ist umgeben von Salzseen und Flamingos, von wilden Rindern für wilde
Stierrennen und von Reisfeldern, so weit das Auge blickt. Das Dorf hat

550 Einwohner, eine Telefonzelle und einen Briefkasten – ein typisches Straßendorf, Häuser links, Häuser rechts, in der Mitte eine Straße. Hier halten eben nur Kenner und keine Touristen. Erics Küche ist in der Gegend beliebt und der große Speisesaal mittags und abends immer gut gefüllt.

Er ist in Le Sambuc aufgewachsen und übernahm vor sieben Jahren das Restaurant seines Vaters. In Rotwein geschmorte Stierbacken sind seine Spezialität. Nicht nur der Reis, den er dazu serviert, kommt aus der Camargue, auch das Fleisch stammt von Züchtern um die Ecke. Viele der Stiere sind eigentlich für Stierrennen vorgesehen, machen aber leider nicht alle die ihnen vorbestimmte große Karriere. Die, die keine Stars werden, wandern zum Schlachter.

Auch der Wein, in dem die Backen geschmort werden, kommt aus der Gegend. Nur die Paprika werden importiert. Die geschmorten Stierbäckchen sind köstlich – kräftig und fein zugleich im Geschmack. Das Fleisch ist so zart, dass ich kein Messer brauche.

✳ Die Reisfelder der Camargue

Die Camargue ist das größte Flussdelta Europas und liegt an der Mündung der Rhône. Ursprünglich war es Schwemmland, sumpfig und flach – ideale Bedingungen also für den Reisanbau. Im April setzt man die Felder unter Wasser und sät aus. Der Reis keimt im warmen, von der Sonne erhitzten Wasser und beginnt zu sprießen. Im August blüht er dann, aber nur für zwei Stunden. Im September ist er reif, dann trennen die Mähdrescher den Reis von der Spreu.

In der Fabrik wird der Reis weiterverarbeitet, erst gereinigt, dann in Spezialöfen getrocknet. In einem Rüttelverfahren wird er von der ungenießbaren Außenhaut befreit, der Spelze.

✳ Reis

Der rote Reis entstand aus einer natürlichen Kreuzung von roten Gräsern und einer Kulturreissorte. In Europa wird diese Rarität seit den 1980ern vor allem in der französischen Camargue angebaut. Leicht rötlich ist nur die Außenhaut des Korns. Das eigentliche Korn ist weiß, daher ist roter Reis nur unbehandelt und ungeschält als Naturreis erhältlich, der auch nach dem Kochen noch schön bissfest bleibt. Sein kräftiger, nussiger Geschmack passt gut zu würzigen Gerichten und nicht zu feinen Fischen.

Als Eric und ich zusammen kochen, vertraut er mir an, dass er sich nach dem Schneiden von Zwiebeln kaltes Wasser über die Handgelenke laufen lasse. Auch Köche sind eben abergläubisch … So ermutigt teile ich meinen Geheimtrick mit ihm: Einfach die Arme in die Luft strecken und schon hört man auf zu weinen. Eric lacht. »Aber man hört auch auf zu arbeiten.« Womit er auch wieder Recht hat. Und das wollen wir ja nicht, denn am Abend sitzt in der Jury ein bekannter Stierkämpfer aus Le Sambuc, el Diamante Negro – der schwarze Diamant und der Stierzüchter, ein Freund von ihm.

* Geschmorte Stierbacken »sauvagines«

Zutaten für 6 Personen
1 kg Stierbacken
3 Zwiebeln
60 g Mehl
ca. 1 l brauner Stierfond oder kräftiger Rinderfond (aus Fleischabfällen,
Knochen und Suppengemüse)
1 l Rotwein (Marselan)
Salz und Pfeffer (aus der Mühle)
Kräuter der Provence (Thymian,
Rosmarin und Lorbeer)

1. Die Backen mit den klein geschnittenen
Zwiebeln in einem gusseisernen Topf
anbraten. * Leicht mit Mehl bestäuben
und im Ofen fertig garen. Das Innere der
Backen soll ein bisschen rosig bleiben.

2. Aus den Fleischabfällen, Knochen und
gewürfeltem Suppengemüse einen dunklen
Fond kochen.

3. Die Backen aus dem Ofen holen und
den Rotwein angießen. * Bratensatz und
Wein einkochen lassen, den Fond, Salz
und Pfeffer und die Kräuter hinzufügen
und ohne Deckel weiter schmoren.

4. Die Stierbacken aus dem Topf nehmen und in Scheiben schneiden. *
Die Sauce fertig kochen und abschmecken.

5. Vor dem Servieren die Stierbacken wieder in die Sauce geben. *
Dazu Naturreis aus der Camargue anrichten.

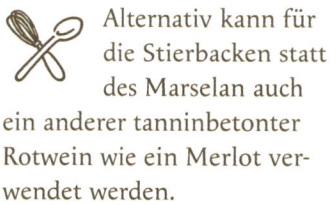
Alternativ kann für
die Stierbacken statt
des Marselan auch
ein anderer tanninbetonter
Rotwein wie ein Merlot verwendet werden.

Das Fleisch nur sehr
kurz anbraten!
Verwenden Sie für das
Braten des Fleisches Erdnussöl
und wechseln Sie dann für die
Zwiebeln zum Olivenöl.

Notre-Dame-
du-Guildo

... wo man sich unter den Krebsen keine Freunde macht

Chère Sarah,
Notre-Dame-du-Guildo ist Ihr nächstes Ziel. In ihrem Restaurant
La Ferme Ostréicole hat Marie-France Bouchonneau für Sie Krabben
als Vorspeise und Miesmuscheln als Hauptspeise vorgesehen.
Guten Appetit!

La Ferme Ostréicole de l'Arguenon
Marie-France Bouchonneau
Allée des roseraies - le port du Guildo
Notre-Dame-du-Guildo
22380 St Cast du Guildo
Tel. 00 33 2 96 41 18 80

Von Freunden habe ich schon
so viel Schönes über die Bretagne
gehört, ich habe mich aber
nie selber davon überzeugen
können. Jetzt habe ich endlich
die Gelegenheit dazu.

✱ Die Königin der Miesmuschel-Sauce

Notre-Dame-du-Guildo liegt am Ärmelkanal, im Norden der Bretagne, an der
Côte d'Amor. Das Dorf fängt irgendwo an und hört irgendwo auf. Dazwischen
liegen kräftige Häuser, die Wind und Wetter trotzen. Es ist ein altes Dorf, fast
so alt wie Rom. Nur nicht so bedeutend. Früher war Notre-Dame-du-Guildo
ein wichtiger Seehafen, heute ist es ein Seebad.

Hier gibt es einen Hafen und das Restaurant von Marie-France Bouchonneau. Ihre Spezialität sind Meeresfrüchte aller Art. Für ihre Miesmuscheln ist sie in der ganzen Bretagne bekannt, vor allem ihre Sauce aus ein wenig Weißwein und viel Crème fraîche. Sie ist besonders fein und lässt dem zarten Geschmack der Muscheln genug Raum. Diese kommen frisch aus der Zucht ihres Mannes Jean-Marc. Den Miesmuschelzüchter hat sie mit neunzehn Jahren kennengelernt und ist mit in das Geschäft eingestiegen. Marie-France besitzt kein richtiges Restaurant, sondern bekocht ihre Gäste im eigenen schnuckeligen Haus in der winzigen Küche und serviert Krabben und Muscheln im heimischen Wohnzimmer.

✳ Ich gehe fischen

Die Krabben zur Vorspeise sind gestern frisch gefischt worden, von Marie-France' Freundin Jocelyne. Und genau die schaut nun amüsiert zu, wie ich mich in einen schicken Neoprenanzug quetsche, um dann mit ihr auf die Suche nach Krabben, Krebsen und Muscheln zu gehen – fischen zu Fuß nennt man das hier – ein bretonischer Volkssport. Jocelyne kennt die geheimen Tummelplätze der Meeresfrüchte. Das Wasser ist eisig kalt. »Man gewöhnt sich dran«, sagt sie. Und tatsächlich, nach einer Stunde bretonischer Leibesübungen springe ich sogar freiwillig ganz ins Wasser. Während ich nur klägliche Beute mache, kann die erfahrene Jocelyne einen guten Fang in ihrem Korb vorzeigen.

✳ Der Tod kommt schnell ... hoffentlich

Die frisch gefangenen Krabben muss man schnell abkochen, am besten in einem Sud aus Salz, Thymian und Lorbeerblättern. Dann schmecken sie auch am nächsten Tag noch frisch. Ich aber zögere, lebende Tiere ins kochende Wasser zu werfen, auch wenn Marie-France mir versichert, dass diese

nichts spüren werden, dazu würde es zu schnell gehen. Beim Krebs weigere ich mich tatsächlich. Ich bringe es nicht übers Herz, das zappelnde Tier in den sicheren Tod zu werfen, und Marie-France übernimmt diese Aufgabe ungerührt für mich. Die beiden Damen belächeln meine Zimperlichkeit. Mit den Miesmuscheln habe ich weniger Mitleid, Krabben haben Augen, die können mich anschauen. Dass ich diesen feinen Unterschied mache, kann Marie-France nicht nachvollziehen. Die Krabben isst man übrigens pur, nur mit Butter und Brot, auch wenn das nicht gut für die Figur ist. Aber das liegt nicht an den Krabben.

✳ Die Miesmuschel

Miesmuscheln sind wahre Klebekünstler: Sie haften auf Metall, Holz, selbst Glas und widersetzen sich standhaft auch der stärksten Brandung. Diese Fähigkeit macht sie selbst für die Forschung interessant, denn sie dienen als Vorlage für die Entwicklung von Feuchtklebestoffen. Muscheln dürfen nur gekocht verzehrt werden, nachdem sie mindestens zwei Minuten lang bei 70 °C erhitzt wurden. Frische Muscheln müssen immer geschlossen sein bzw. geöffnete Muscheln sich schließen, wenn man leicht gegen die Schale klopft. Einmal gekocht müssen alle Schalen jedoch offen sein, noch geschlossene Muscheln unbedingt aussortieren und wegwerfen! Saison haben Miesmuscheln in den sogenannten R-Monaten, also von September bis Februar. Rechnen Sie pro Portion 1 kg Muscheln.

✳ Zur Muschelernte

Mann und Sohn von Marie-France, Muschelzüchter in dritter Generation, fahren mit mir hinaus, um die Miesmuscheln zu ernten. Die von Jean-Marc bevorzugte Muschelsorte reproduziert sich nicht von selbst in der Bretagne; das Wasser ist zu kalt dafür.

Er lässt junge Muscheln in langen Netzschläuchen aus dem Süden Frankreichs kommen. Die Bouchonneaus sind Besitzer von 46 Reihen von Muschelpfählen. Geerntet wird nicht Muschel für Muschel, sondern mit einem Kran gleich das ganze Netz. 200 Tonnen Muscheln erntet Jean-Marc so in einem Jahr. Aber es kann nicht nur geerntet werden. Die Netze mit den Babymuscheln müssen an den neu zu bevölkernden Pfählen angebracht und gut befestigt werden, damit die Strömung sie nicht fortreißt. Ein Trichter am Fuß hindert Krebse daran, hochzuklettern und die Muscheln aufzufressen. Eine echte Kraftanstrengung – Arbeit für wahre Männer! Und heute auch für mich. Jetzt müssen die Muscheln sortiert und gereinigt werden. Dann kommen die Bärte an der Muschelöffnung ab. Und zum Schluss werden sie küchenfertig verpackt – von Hand!

✳ Miesmuscheln

Zutaten für 2 Personen

1 bis 1 ½ kg Muscheln	½ l Weißwein
2 Stangen Lauch	150 g Butter
500 g Möhren	½ l Crème fraîche

Lauch und Möhren putzen. Lauch in dünne Ringe, Möhren in Streifen schneiden. Möhren knackig blanchieren und Lauch in dem halben Liter Wein dünsten. ✳ Butter und einen halben Liter Crème fraîche zum Lauch geben. ✳ Zum Schluss die Möhren dazugeben und dann die Sauce auf ganz geringer Hitze vor sich hin köcheln lassen. ✳ In einem zweiten Topf (mit Deckel) die Muscheln ohne alles erhitzen, bis die Schalen offen sind. ✳ Die Sauce dazugeben und gut verteilen.

Tipp: Sparen Sie bei der Sauce nicht an Butter!

Achten Sie bei Muscheln auf das Fleisch: Ist es unnatürlich rot oder schwarz, dann sind sie giftig und man wirft sie besser weg.

Miesmuscheln sind Essen und Besteck in einem, denn die Schalen der ersten Muschel werden als Zange benutzt.

Tence

... wo ich entdecke, dass Innereien
viel besser schmecken, als sie
riechen

Hostellerie Placide
Route d'Annonay
43190 Tence
Tel. 00 33 4 71 59 82 76
www.hostellerie-placide.fr

*Chère Sarah,
auvergnatische Tripoux erwarten Sie
im Gasthaus Hostellerie Placide
in Tence. Pierre-Marie Placide wird
Ihnen alles erklären.
Viel Spaß!*

Tripoux? Ist das so etwas wie Kutteln? Magen? Die einzigen Kutteln, die ich
je in meinem Leben gegessen habe, waren die meiner Stiefmutter und die
schwammen in Tomatensauce und waren köstlich.

✳ Kohl, Kartoffeln, Käse ... und Wasser

Die Auvergne ist nur dünn besiedelt und eine der kältesten Regionen
Frankreichs. Ihre Küche basiert vor allem auf Schweinefleisch, Kohl, Kartoffeln
und Käse. Die Auvergne ist bekannt für ihre fünf AOC-Käsesorten (Saint-
Nectaire, Cantal, Salers, Fourme d'Ambert und Bleu d'Auvergne). Zu ihren
Spezialitäten zählen auch die Truffade (Kartoffelscheiben mit dem

Bergbauernkäse Tomme
überbacken) und das Aligot
(Mischung aus Kartoffelbrei,
Knoblauch und Tomme fraîche).

Die Region gilt als Wasser-
reservoir Frankreichs. In ihrem
Vulkangestein wird Wasser
natürlich gefiltert und mit
Mineralien angereichert. Die
bekannten Marken Volvic und
Vichy stammen aus dieser
Gegend.

* Innereien sind besser
   als ihr Ruf

Die kleine Stadt Tence liegt mitten in der Auvergne und hat gut
dreitausend Einwohner. Neben dem alten Bahnhof der mittlerweile still-
gelegten Eisenbahn liegt das Restaurant von Pierre-Marie Placide. Er ist Koch
in der dritten Generation und das Restaurant seit Langem in Familienbesitz.
Es wurde schon von seinem Vater und von seinem Urgroßvater betrieben.
Er ist in ihre Fußstapfen getreten und hat das Kochen von der Pike auf gelernt.

Pierre-Marie ist von Geburt
an taub, daher auch kein
großer Redner. Dennoch versteht er es, mein schlechtes
Französisch von meinen Lippen
zu lesen. Sein Geschmack ist
unbestechlich, vor allem bei
Tripoux d'Auvergne, gefülltem
Pansen, in Deutschland auch
Kutteln genannt. Innereien
schmecken viel besser, als ihr
Ruf vermuten lässt, versichert
er mir. Nun ja … den Geruch
finde ich schon einmal gewöh-
nungsbedürftig. Aber ich
probiere, denn ich sollte wissen,
wie das Gericht schmeckt,
bevor ich es selber koche.

Und ich erlebe eine Überraschung. Der Geschmack ist ganz anders, und zwar gut. Man muss den Pansen lange genug kochen, sagt Pierre-Marie, dann wird er zart und aromatisch. Das ist das Geheimnis.

✳ Grüne Linsen aus der Auvergne

Die Felder rund um Tence sind Linsenanbaugebiet, die Wiege der berühmten Du-Puy-Linse, auch »Kaviar der Armen« genannt.

Grüne Linsen für die Beilage zu den Kutteln bekomme ich bei Monsieur Chouvier, einem hiesigen Linsenbauer.

Auf dem Feld zeigt mir Monsieur Chouvier, dass sich in einer Schote nur ein oder zwei Linsen befinden. Das ist alles. Früher war die Ernte eine Schinderei, aber heute werden die Linsen mit dem Mähdrescher geerntet. Dabei muss man beim Schnitt sehr aufpassen, denn die Pflanzen wachsen sehr niedrig. Nur die Qualitätskontrolle wird noch von Hand gemacht.

✳ Die Linse

Die grüne Linse wird in der Auvergne seit Jahrhunderten angebaut. Mittlerweile ist sie das erste Gemüse mit der Auszeichnung AOC (Appelation d'Origine Controlée) und hat die Ehre, dass ihr eine eigene Bruderschaft (die »grüne Bruderschaft«) gewidmet ist.

Die grüne Linse unterscheidet sich von ihren Kolleginnen durch ihren delikat süßen, feinen Geschmack, ihre schöne grüne Farbe und ihre feine Haut. Außerdem ist ihr Kern nicht mehlig, so dass sie schneller gar ist. Wenn Sie grüne Linsen kaufen, sollten Sie auf der Packung neben AOC auch die Bezeichnung »Lentille verte du Puy« lesen. Andernfalls handelt es sich nicht um Du-Puy-Linsen!

✳ Ein Tupfen Farbe vielleicht?

Dieses Gericht würde nicht gerade einen Schönheitswettbewerb gewinnen. Mein Plan für heute Abend: Ich würde gerne die Kutteln mit Tomaten verfeinern. Damit würde nicht nur der Geruch übertüncht, sondern auch das blasse, weiße Fleisch bekäme einen gesünderen Teint. Pierre-Marie möchte sich nicht dazu äußern. Aber immerhin verbietet er es mir nicht.

✳ Pansen

Pansen kommt nur bei Wiederkäuern wie Rindern oder Schafen vor. Er ist ein Vormagen, eine Art große Gärkammer, in der das Futter mit Bakterien zersetzt wird.

Bevor man den Pansen weiterverarbeitet, muss man ihn wässern, dann wird er abgebrüht und weichgekocht. In Frankreich wird Pansen als Delikatesse gehandelt. In Deutschland früher auch.

Auch zu den Linsen möchte ich eine Tomate geben. Hier aber sperrt sich Pierre-Marie. Auch die Petersilie findet nicht seine Gnade. Das entspräche nicht der Tradition der Auvergne. Ein knallharter Chef! Aber den Speck schneide ich auf meine Art – sehr fein. Bei der Butter hingegen zeigt Pierre-Marie sich großzügig: Mit der Butter nähme man es hier in der Auvergne nicht so genau, ein Löffel hieße ohnehin immer zwei.

Die Präsidentin der Jury, Carly Rouma, weiß genau, worauf es bei der Linse ankommt: die richtige Garzeit. Wenn man sie zu lange kocht, verliert sie ihren Geschmack. Die Linse verlangt Wachsamkeit vom Koch: Man muss immer daneben stehen und aufpassen.

Die Jury weiß den neuen Geruch des Gerichtes zu schätzen: milde und süßliche Würze weht ihnen von den Tellern entgegen. Man findet, dass die Küche der Auvergne mir gut gelungen ist. Der neue Tomatensud kommt gut an. Selbst die Linsen sind nicht zu sehr gegart …

✳ Tripoux Auvergnat

Zutaten für 10 Personen

5 blanchierte Hammelfüße
2 kg Kalbsgekröse
1 kleine Knoblauchknolle
125 g Petersilie und andere Kräuter
2 Zwiebeln
1 Lammpansen
1 Scheibe mageren Speck
1 Bouquet garni
1 Gewürznelke
1 l Brühe
20 cl Weißwein
1 Gläschen Cognac
Pfeffer und Salz

1. Für die Füllung die Hammelfüße in kleine Würfel schneiden. ✳ Das Kalbsgekröse grob hacken. ✳ Knoblauch, Kräuter und eine Zwiebel sehr fein hacken. ✳ Diese Zutaten mischen, salzen und pfeffern.

2. Aus dem Lammpansen Schnitzel zurechtschneiden. ✳ Auf jedes Schnitzel ca. 150 bis 200 g Füllung geben. ✳ Rand der Schnitzel hochschlagen und mit Küchengarn zusammenbinden.

3. Eine Scheibe mageren Speck, das Bouquet garni und die mit der Nelke gespickte Zwiebel in einen Tontopf geben und die Tripoux daraufsetzen. ✳ Mit Brühe, Weißwein und Cognac bedecken.

4. Im fest geschlossenen Topf auf kleiner Flamme oder im Ofen bei sehr geringer Hitze 7 bis 8 Stunden garen. ✳ Mit Salz und Pfeffer abschmecken und heiß servieren.

 Kutteln sollte man nur bei einem Metzger seines Vertrauens kaufen (am besten vorbestellen!).

 Zum Schmoren der Kutteln am besten einen kräftigen Weißwein nehmen!
Dazu passt ein Chardonnay aus der Auvergne.

❋ Grüne Linsen

Zutaten für 4 Personen
250 g Linsen
200 g Speck
3 große Zwiebeln
Gänsefett
3 Möhren
1 Liter Rinderbouillon
Kurkuma
100 g Butter
3 Lorbeerblätter

1. Die Linsen in kaltem Wasser aufsetzen und maximal 20 Minuten kochen. ❋ Speck und Zwiebeln in kleine Würfel schneiden. ❋ In Gänsefett andünsten. ❋ Die klein geschnittenen Möhren dazugeben.

2. Die Linsen abgießen, mit Zwiebeln, Speck und Möhren vermischen. ❋ Mit Rinderbouillon bedecken und die Lorbeerblätter dazugeben. ❋ Kurz aufkochen lassen und mit Kurkuma abschmecken.

3. Eine Schöpfkelle Linsen abnehmen, im Mixer mit der Butter pürieren. ❋ Zu den verbleibenden Linsen zurückgießen und umrühren. ❋ Heiß servieren.

Châtenay ... wo ich eine Kuh zum Tanz auffordere

Chère Sarah,
nein, auch dieses Mal kein Dijon-Senf, sondern ein
Bœuf Bourguignon, zubereitet von Paulette Gelin in der
Ferme Auberge de Lavaux in Châtenay.
Guten Appetit!

✳ Reichlich Butter und natürlich ... Wein

Burgund ist die Heimat vieler Gerichte, die für uns heute »typisch französisch« sind: Coq au vin, Escargots und Bœuf Bourguignon – allesamt kräftig im Geschmack und gehaltvoll in den Zutaten. Bis die Nouvelle Cuisine Frankreich und Europa überrollte und damit eine leichtere, mediterrane Küche auch auf deutsche Tische kam, war die Küche Burgunds in vielen Dingen richtungweisend: Zu einem gelungenen Gericht gehören hier unbedingt Butter und Wein.

Ferme Auberge de Lavaux
Paulette et Paul Gelin
Lavaux
71800 Châtenay
Tel. 00 33 3 85 28 08 48

Châtenay liegt im Herzen Frankreichs, in der Bourgogne. Das kleine Dorf hat weder Bäcker noch Lebensmittelladen vorzuweisen, dafür viele Rinder der Rasse Charolais.

In der Ferme Auberge de Lavaux hält Paulette Gelin den Kochlöffel fest in der Hand. Vor 25 Jahren hat sie mit ihrem Mann die Herberge eröffnet. Das Bœuf Bourguignon, ein Gericht aus Großmutters Zeiten, lange gekocht und mit sehr viel Geschmack und Aroma, verlangt vor allem gutes Fleisch vom Rind. Dieses wird dann mindestens drei Stunden in Rotwein bei niedriger Temperatur geschmort.

Die Bourgogne ist weltberühmt für ihre Weine. Aus dieser Gegend stammen zwei der populärsten Weine Frankreichs: der leichte und fruchtige Beaujolais und der trockene Chablis mit der unverwechselbar erfrischenden Säurenote. Und sie wird geliebt für

ihre saftigen Wiesen und malerischen Dörfer – bei meiner Fahrt nach Châtenay eröffnen sich mir fast kitschige Ansichten, so schön ist die Landschaft. Wie in einer Welt aus Postkarten.

Als ich meinen kleinen Käfer in dem Innenhof des Landgasthauses parke, nehme ich mir erst einmal Zeit, den Anblick zu genießen. Das wunderschöne Haus ist aus massivem altem Stein. Überall blühen Blumen. Eine Oase der Ruhe! Paulette empfängt mich herzlich (und sehr schick, mit ihrer hohen Kochmütze!) und serviert mir gleich den berühmten Roten zum Rindfleisch. Das Fleisch, das merke ich beim ersten Bissen, ist wunderbar zart und kräftig im Geschmack.

Beim Bœuf Bourguignon kommt es vor allem auf die Balance an, sagt mir Paulette – auf den gleichberechtigten Geschmack von Wein und Fleisch.

✳ Kühe sucht man aus wie Frauen auf dem Tanzball

Jeden Mittwochnachmittag findet im nahegelegenen Saint-Christophe-en-Brionnais ein Viehmarkt statt – der Tempel des Charolais. Dort hoffe ich mein Fleisch für das Bœuf Bourguignon zu finden. Dies, so erklärt mit der Rinderhändler Jacques Despierres, sei der beste Markt in ganz Frankreich, mit dem höchsten Qualitätssiegel für Rinder. Rinder wähle man aus wie beim Ball: »Man geht um die Tanzfläche, sucht die Hübscheste aus und fordert sie auf.« »Dann möchte ich aber nicht mit Ihnen tanzen«, entgegne ich ihm.

Über tausend Rinder werden an diesem Nachmittag zum Tanz aufgefordert. Ich lerne, wie man gutes Fleisch mit einem Zwicken in die Speckschicht erkennt: Zart muss die Haut sein, fest das Fleisch. Und dass das Fleisch der Kühe besser schmeckt als das der Bullen. Für das BB nimmt man Fleisch aus der Schulter, aus der Haxe und vom Hals. Übrigens: Auf dem Markt wird noch in Franc gehandelt!

✳ Wein zum Frühstück für die Weinerntehelfer

Auf dem Weingut Jean-Claude Berthillot helfe ich bei der Weinernte. Jean-Claude besitzt insgesamt zehn Hektar, vor allem lehmigen und kalkhaltigen Boden mit vielen Versteinerungen. An den Rebstöcken hängen Trauben der Sorte Pinot Noir und Gamay, Rotweinklassiker aus der Bourgogne, aber auch Trauben für einen Weißwein, den Chardonnay. Vor drei Tagen hat er eine erste Probe genommen und herausgekommen sind 13 Prozent Zuckergehalt mit sehr guter Säure. Heute will er ernten.

Die Ernte beginnt im September und dauert zwei Wochen. Die Handgriffe sind zwar einfach, aber die Arbeit ist hart. Ich laufe die langen Reihen mit gekrümmtem Rücken ab und schneide die Trauben von den Reben. Die Faulen werden weggeschnitten. Der Arbeitstag beginnt um acht Uhr morgens und endet um 18 Uhr abends, der Lohn beträgt 60 Euro pro Tag, dazu kommen freie Unterkunft und täglich drei Mahlzeiten. Zum Frühstück wird mir Wein serviert. Das sei »belebend«.

Zurück auf dem Gut, werden die Trauben in der Maschine vorsichtig gepresst. Später werden sie in Eichenfässern gelagert, wo sich das Aroma des Weines mit dem des Holzes zu einem kräftigen Geschmack verbindet. Fast alle Weine aus dem Burgund haben die typische Barrique-Note. Zum Abschied drückt mir Jean-Claude 3 Flaschen Pinot Noir von 2004 für mein Bœuf Bourguignon in die Hand.

Diese finden auch schnell ihren Weg in meinen Schmortopf. An der Qualität des Weines wird es sicher nicht gelegen haben, dass ich unzufrieden bin mit meiner Sauce; die ist nicht perfekt gebunden. Auch der Jury fällt dies auf; sie lässt mich bestehen. Der Geschmack meines Bœuf sei sehr gut. Noch mal Glück gehabt!

Jean-Claude Berthillot
Les Chavannes
71340 Mailly
Tel. 00 33 3 85 84 01 23

∗ Bœuf Bourguignon

Zutaten für 6 Personen

1,5 kg Rinderschmorfleisch
1 l Rotwein
100 g frischer Brustspeck
2 große Zwiebeln
2 Möhren
10 g Butter
Salz und Pfeffer
10 cl Öl
1 EL Mehl

1 Scheibe fetter Speck
1 Knoblauchzehe
1 Bouquet garni (Petersilie, Thymian, Lorbeerblätter)
24 Perlzwiebeln

1. Das Rindfleisch in Stücke von je ca. 100 g schneiden. ∗ In eine Schüssel geben und mit Rotwein bedecken. ∗ 2 Std. ziehen lassen.

2. Den Brustspeck in Stifte schneiden und einige Sekunden lang mit kochendem Wasser abbrühen. ∗ Abtropfen lassen, in der Pfanne knusprig auslassen und beiseitestellen.

3. Die Zwiebeln grob hacken und die geschälten Möhren in Scheiben schneiden. ∗ Im ausgelassenen Fett anbraten und beiseitestellen.

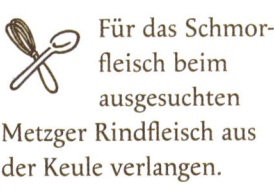 Für das Schmorfleisch beim ausgesuchten Metzger Rindfleisch aus der Keule verlangen.

Wenn man rechtzeitig bemerkt, dass die Bindung der Sauce nicht gelingt, ein bisschen von der ungebundenen Sauce mit Mehl verrühren und in den Topf gegeben. Einmal aufkochen lassen, damit das Mehl aufquillt.

4. Die Fleischstücke abtropfen lassen und mit Küchenpapier abtupfen. ＊ Mit Salz und Pfeffer würzen. ＊ Bei großer Hitze in Öl von allen Seiten anbraten. ＊ Dann die Temperatur herunterstellen, das Fleisch mit Mehl bestäuben, vorsichtig umrühren und mit der Marinade ablöschen. ＊ Etwas Wein angießen und zum Kochen bringen.

5. Den Boden eines Schmortopfes mit der Speckscheibe auslegen, dann Fleisch und Gemüse abwechselnd einschichten; dabei jede Schicht salzen und pfeffern. ＊ Die zerstoßene Knoblauchzehe und das Bouquet garni in die Mitte geben. ＊ Zugedeckt ca. 3 Stunden bei geringer Hitze garen.

6. Währenddessen die Perlzwiebeln in einer Pfanne in Butter dünsten, aber nicht braun werden lassen.

7. Nach 3 Stunden Schmorzeit Fett aus dem Schmortopf abschöpfen und die Perlzwiebeln zum Fleisch geben. ＊ Weitere 30 Minuten kochen. ＊ Heiß servieren.

Jeanine Peyre-Lavigne
1 rue Artengle
64260 Castet
Tel. 00 33 5 59 05 79 18

Castet

... wo die Begegnung mit einer Königin ansteht

Chère Sarah,
in dem kleinen Ort Castet wird Jeanine Peyre-Lavigne Ihnen ihren
Gewürzkuchen und eine dafür unverzichtbare Zutat zeigen.
Bon courage!

Bingo, wieder etwas Süßes ... und etwas Vegetarisches! Eine Mission, die mir auf den Leib geschnitten ist. Und meine Patin macht auf dem beigefügten Foto einen sehr netten Eindruck. Was will ich mehr?

✳ Die Pyrenäen – ein Paradies für Schafe

In den Pyrenäen ist vor allem der Käse aus Schafsmilch zu Hause, denn diese wolligen Tiere fühlen sich hier besonders wohl. Der wohl berühmteste Vertreter seiner Art ist der Ossau-Iraty Brebis-Pyrénées, der seit 1980 auch das AOC-Siegel trägt, ein Zeichen für Qualität und lokale Verbundenheit des Produktes. Traditionell hergestellt reift er mindestens drei Monate, um den typischen nussartigen Geschmack mit dezentem Schafsaroma zu entwickeln. Am köstlichsten ist er in der Zeit vom Frühsommer bis zum Herbst.

Castet liegt im äußersten Südwesten Frankreichs in den Pyrenäen. Der höchste Punkt der Gemeinde ist 2020 Meter hoch, der tiefste 490 Meter. Die Ortschaft selbst liegt in einem Tal, und hier finde ich auch das Haus von Jeanine Peyre-

Lavigne. Die ist tatsächlich, wie das
Foto schon versprochen hatte, eine
sehr sympathische und auch sehr
herzliche Frau, die mich ihren
Kuchen gerne probieren lässt. Und
der schmeckt mir, wie ich bereits
geahnt hatte, so gut, dass es nicht
bei einem Stück bleibt … nein, ich
verdrücke gleich vier.

* Briketts statt Backware

Für ihren Gewürzkuchen greift
Jeanine nur auf eigene Produkte
zurück. Seit fünfzehn Jahren übt
sie den aussterbenden Beruf der
Imkerei aus. Davor hat sie mit
ihrer Familie in den Bergen gelebt
und Kühe die Alm hochgetrieben. Einmal hat sie sich sogar als Buchhalterin
versucht, aber das war kein Leben für meine freiheitsliebende Patin. Ihre
Gewürzkuchen stellt sie nach altem Rezept her. Der Teig ist ganz besonders
locker und leicht. Das war nicht immer so, erzählt sie: »Es gab Zeiten, da
waren meine Gewürzkuchen so hart, dass mein Freund damit Traktoren fest-
gekeilt hat.« Doch das passiert ihr heute nicht mehr.

Beim Probieren ihres Kuchens schmecke ich sofort die geheime Zutat:
Honig! Ich liebe Honig. Doch der ist weit weg bei den Bienen oben in den
Bergen.

* Das gelbe Gold

Jeanine hat klein, das heißt mit einigen wenigen Bienenstöcken, angefangen.
Heute besitzt sie über 250 Bienenvölker, die alle in der wunderschönen
Landschaft rund um Castet an ihrem Honig arbeiten.

* Honig

Honig ist nicht gleich Honig! Das Angebot an Honigsorten ist so
zahlreich wie die Blüten, die von den Bienen angeflogen werden.
Daher resultieren auch die unterschiedliche Färbung (von fast weiß
bis dunkelbraun) und die verschiedene Konsistenz (von flüssig bis fest)
der Honigsorten. Auch Duft und Geschmack hängen vom Blütennektar ab,
der für den Honig gesammelt wurde.

Nicht vergessen: Die fleißige Honigbiene liefert uns den leckeren Honig, aber eine viel größere Bedeutung haben sie und ihre Arbeit für das Gleichgewicht unseres Ökosystems. Der Bestäubung verdanken wir den Erhalt von fast 80 Prozent unserer Obstbäume und Blumen.

Honig wird alle zwei bis drei Wochen geerntet, je nach Standort. Mit den Vorbereitungen beginnt Jeanine schon einen Tag vor der Ernte. Als ich mich in meinen Schutzanzug gequält habe, rät sie mir, nicht fortzulaufen und mich nicht zu viel zu bewegen, falls ich mich inmitten der Bienen unwohl fühlen sollte. So würde ich sie nur noch mehr aufregen. »Denk immer dran, du hast hier nichts zu melden. Die Bienen bestimmen, die sind die Chefs.« Jetzt wird mir doch ein wenig mulmig zumute …

Die Waben sind aus Wachs, den die Bienen in Drüsen am Bauch produzieren. Wenn die Waben mit Honig gefüllt sind, werden sie mit einer Schicht Wachs verschlossen. Ein Kasten, der komplett mit Wachs bedeckt ist, sodass man keine Waben mehr erkennt, ist also voller Honig. Nur die Bienenkönigin legt Eier, bis zu 2000 Stück am Tag. Die Arbeiterinnen umsorgen sie und ihre Nachfahren, bauen Waben, saugen Nektar, bringen Wasser und Pollen. Im Sommer haben sie eine Lebensdauer von fünf Wochen. Mehr nicht.

Im unteren Kasten liegt der Brutraum. Jeanine legt eine Schleuse zwischen Brut- und Lagerraum, denn nachts fliegen die Bienen vom Lager- in den Brutraum und können so morgens nicht wieder zurück. Der Honig hat dann keine Beschützer mehr und Jeanine kann gefahrlos ernten. Die Saison geht von Mai bis Mitte September – eine sehr arbeitsreiche Saison, denn alle Stöcke wollen rund um die Uhr gepflegt werden. Die Imkerei ist eine anstrengende Plackerei. Bienen schlafen nur selten, verrät mir Jeanine.

Die Stöcke werden zur Blütezeit ausgesetzt – im Frühjahr in der Ebene zu den Akazien und Kiwis, später in den Vorbergen zur Linden-, Kastanien- und Waldblumenblüte. Jetzt, im Juli, fahren wir die besten Bienenstöcke weiter hoch in die Berge, zur Heideblüte. Die Bienen bleiben oft bis zu vier Wochen an einem Standort stehen, solange die Blüte dauert.

Ich probiere den frischen Honig aus dem Lagerraum. Délicieux! Honig ist eine meiner kulinarischen Leidenschaften und wenn ich im Ausland unterwegs bin, lasse ich es mir nie nehmen, Honig aus der Region zu kaufen.

Als ich den Honig in meinen Teig rühre, denke ich daran, dass der noch vor drei Stunden in den Bienenstöcken auf dem Land war.

Wenn ich mir vorstelle, dass man für ein Kilo Honig 14 000 Bienenarbeitsstunden braucht und wir ein Glas für vier oder fünf Euro erwerben, dann steht das in keinem Verhältnis.

Die Imkerei ist eine unglaubliche Schufterei, die Jeanine normalerweise ganz alleine bewältigt ... Chapeau! (Hut ab!).

✳ Honigkuchen

Zutaten für 1 Kuchen
1 Ei
½ Tasse Zucker
250 g Honig
2 ½ Tassen Mehl
½ Tasse Milch
1 TL Backpulver
1 TL Gewürze (Zimt, Nelken)

Backzeit: 30 Minuten

Den Ofen auf 150 °C vorheizen. ✳ Das Ei und den Zucker weißschaumig schlagen, dann Honig, Milch und Gewürze sorgfältig unterrühren. ✳ Nun das Mehl (erst 2 Tassen, dann den Rest) und das Backpulver dazugeben und solange rühren, bis keine Klümpchen mehr im Teig sind. ✳ Eine oder zwei (je nach Größe) längliche Backformen mit Butter einpinseln und den Teig einfüllen.

 Der Teig muss schön locker sein. Wenn er zu zäh ist, ein wenig Milch dazugeben – ganz nach Gefühl!

Carignan

... wo ich auf einen Baum schieße

Chère Sarah,
das Wildschwein ist das Wahrzeichen der Ardennen. Morgen früh
treffen Sie sich mit Monsieur Totot in Mogues. Der nimmt Sie mit
auf die Wildschweinjagd. Nach der Anstrengung die Belohnung:
Bringen Sie vier Wildschweinkoteletts zu Nathalie Gérard nach
Carignan in das Restaurant La Gourmandière mit.
Nur Mut!

La Gourmandière
Nathalie Gérard
19 avenue Blagny
08110 Carignan
Tel. 00 33 3 24 22 20 99
www.mirabelle-design.com/
gourmandiere

Na, den werde ich brauchen. Die Jagd ist nicht
gerade mein liebstes Freizeitvergnügen.

* Frischer Wind für wilde Schweine

Die Wälder der Ardennen liegen zwischen
Maas und Mosel, kahlen Höhen und fruchtbaren
Tälern. Carignan liegt unweit der belgischen
Grenze. In den Wäldern ringsum leben die
wilden Schweine und in der kleinen Stadt rund 3000 Einwohner. Das Wild-
schwein ist das Wappen der Region und es wird auch in Nathalie Gérards
Restaurant serviert – zur Freude vieler Feinschmecker.

Nathalie wollte schon als Kind Köchin werden und setzte sich mit Mut
und Kraft in der Männerwelt der Küche durch. Vor gut fünfzehn Jahren
eröffnete sie gemeinsam mit ihrem Mann das Restaurant La Gourmandière.
Hier bringt sie frischen Wind in die oft allzu verstaubte Wildküche.

90

Man muss den Leuten etwas Neues bieten, das ist ihre Devise, und einmal im Jahr, zwei, drei Monate lang, kann man in ihrem Restaurant ganz neue Seiten am Wild entdecken.

* Die (vergebliche) Wildschweinjagd

Aber bevor ich meine Patin kennenlerne, muss ich auf die Jagd … und bevor ich mein Ziel erreiche, rieche ich verbranntes Gummi. Mein kleiner Käfer macht wieder einmal schlapp. Zum Treffpunkt sind es nur noch zwei Kilometer. Die lege ich jetzt zu Fuß zurück. Dort werde ich von ernsten und schweigsamen Männern in Oliv- grün empfangen. Auch ich kleide mich in schickes, dunkelgrünes Gummizeug und bekomme dazu eine grellrote Weste … wohl damit man mich von einem Wildschwein unterscheiden kann.

Ich nehme, so lerne ich, an einer klassischen Drückjagd teil: Die einen treiben, die anderen schießen. Ich bin Treiberin und soll Wild aufscheuchen, natürlich vor allem Wildschweine. Durch Hundegebell, Klappern und all- gemein viel Lärm sollen die aus dem Unterholz getrieben werden. Auch ich darf einmal schießen … auf einen Baum. Der Rückstoß haut mich fast von den Füßen. Morgen werde ich wohl einen rie- sigen blauen Fleck an der Schulter haben. Die Jagd dauert bis zur Dunkelheit, und obwohl wir den ganzen Tag konzentriert im dichten Wald marschieren, schießen wir kein Wildschwein. Nicht umsonst gelten Schweine als intelligent!

In Carignan wartet schon Nathalie auf mich – und auf meine Wildschwein- koteletts. Leider vergeblich, wie ich ihr beichten muss.

Das kleine und exklusive Restaurant von Nathalie und ihrem Ehemann Gérard befindet sich mitten in Carignan. Die Gourmetgäste kommen von weither, um sich von Nathalies Spezialitäten den Gaumen kitzeln zu lassen.

Sogar das Brot backt die kleine temperamentvolle Frau selber und der Ehemann pflegt den Gemüsegarten. Abends steht sie am Herd, während er die Gäste im Saal umhegt.

Nathalies Rezepte sind von der Idee getragen, Erinnerungen an die Kindheit, an Zutaten, die man längst vergessen hat, wachzurufen. In der Roulade hat sie daher Blutwurst versteckt; eine Spezialität der Ardennen, die heute nur noch selten serviert wird. Wildschweinkotelett ist allerdings auch heute noch eine sehr beliebte lokale Spezialität. Hierzu passen sehr gut in Butter gedünstete Pilze der Saison.

 Wildschweinfleisch erhält man problemlos beim Wildhändler oder beim ausgesuchten Metzger. Beim Jäger oder beim Forstamt bekommen Verbraucher auch ganze Tiere zu günstigeren Preisen. Das dort erworbene Wild stammt garantiert von Tieren, die frei in der Natur leben und nicht aus landwirtschaftlicher Produktion stammen.

Tipp: Wild, auch Schwein, muss immer gut durchgegart sein. Um eine Garprobe zu machen, stechen Sie mit einer Nadel in das Fleisch. Wenn der ausfließende Saft nicht mehr rosa ist, kann das Fleisch angeschnitten werden.

✳ Wildschweine haben keinen Ringelschwanz

Hätten Sie's gewusst? Ich nicht. Und so verziere ich meine Teller mit kleinen, niedlichen Ringelschwänzen. Das erheitert die Jury ungemein. Meine kreativen Bemühungen bei der Zubereitung der Sauce finden mehr Anklang. Deshalb erwarte ich gespannt das Urteil: »Une découverte!« – eine Entdeckung, lobt die Präsidentin den feinen Geschmack.

* Wildschweinkoteletts mit Rotwein-Orangen-Sauce

Für die Wildbällchen
1 kg Wildkeule
6–7 Schalotten
2 große Möhren
75 cl Rotwein
150 g Blutwurst »Boudin noir«
1 Wirsingkohl
Schweinenetz
Butter
4 Wildschweinkoteletts

Für die Rotwein-Orangen-Sauce
Zucker
⅓ Rotwein
⅓ Orangensaft
⅓ Kalbsfond
Salz
Pfeffer

1. Für die Wildbällchen die Wildkeule klein schneiden und das Fleisch in einem gusseisernen Topf in etwas Öl anbraten. * Die klein geschnittenen Schalotten und Möhren dazugeben. * Umrühren und Rotwein angießen. * Circa zwei Stunden köcheln lassen.

2. Den Bratensaft abgießen und beiseitestellen. * Die Fleischmasse mit der Gabel zerkleinern, einen Teil der Blutwurst in Würfel schneiden und unterrühren.

3. Ganze Kohlblätter blanchieren, in die Mitte jedes Blattes etwas Wildmasse geben und den Rand darüberschlagen. * Jedes gefüllte Kohlblatt in ein Stück Schweinenetz wickeln. * Die »Caillettes« in der Pfanne in etwas Butter goldbraun anbraten und im Ofen fertig garen.

4. Für die Sauce den beiseitegestellten Bratensaft mit der restlichen Blutwurst im Mixer pürieren.

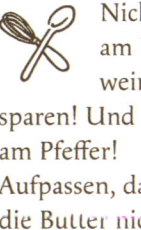

Nicht am Rotwein sparen! Und nicht am Pfeffer! Aufpassen, dass die Butter nicht verbrennt. Das passiert selbst großen Meistern …

5. Die dick geschnittenen Koteletts in der Pfanne nicht ganz durchbraten (das Fleisch muss noch nachgeben, wenn man mit dem Finger darauf drückt). * Warm stellen.

6. Für die Sauce den Zucker in einem Topf trocken karamellisieren und mit Rotwein ablösen. * Etwas einkochen lassen, dann den Orangensaft hinzufügen. * Erneut einkochen lassen und den Kalbsfond hinzufügen. * Die Sauce mit Salz und Pfeffer abschmecken und in die gewünschte Konsistenz bringen.

Verrières-de-Joux

... wo der Absinth nicht fehlen darf

Chère Sarah,
Ihre Aufgabe: Wurst aus Morteau
mit Pontarlier-Anis. Luc Parent
serviert Ihnen das Gericht in seiner
Herberge Le Tillau in Verrières-de-Joux.
Viel Spaß!

✳ Hausmannskost vom Feinsten

Verrières-de-Joux liegt im Département Doubs in der Region Franche-Comté, an der Grenze zur Schweiz. Vor 150 Jahren lebten im Dorf noch 1000 Menschen, heute sind es 355 Einwohner und 150 Grabsteine. Die Auberge du Tillau von Luc Parent liegt acht Kilometer außerhalb des Dorfes, den Berg hinauf. Auch in seiner Räucherkammer hängt die Spezialität der Region: die Saucisse de Morteau. In der Küche ist er Autodidakt. Mit Kochen hat er begonnen, weil die Gäste seiner Herberge Hunger hatten. Heute gilt seine gehobene Hausmannskost als Geheimtipp. Woher er sein Talent zum Kochen hat, kann er nur erahnen. Vielleicht von der Großmutter, die sonntags ein köstliches Kaninchen zubereitete. Dieses Rezept, Kaninchen in Rotwein, hat ihn inspiriert und er bekam Lust weiterzumachen.

Er erklärt mir, dass Pontarlier-Anis ein Destillat ist, das nach Anis schmeckt – ein bisschen wie der Apéritif Ricard.

Le Tillau
Luc Parent
Le Mont des Verrières
25300 Verrières-de-Joux
Tel. 00 33 3 81 69 46 72
www.letillau.com

Würstchen mit Schnaps – eine interessante Aufgabe. Der leichte Anis-
geschmack passt hervorragend zu dem Räucheraroma der Würste. Ich bin
beeindruckt von Lucs Eigenkreation. Très bon!

✳ Wermut

Aus Wermut (französisch Vermouth), Anis und Fenchel hat man vor
250 Jahren den berüchtigten Absinth gebraut. Zuerst wurde dieser
als Heilmittel verkauft, stieg aber bald zu Frankreichs beliebtestem
Schnaps auf. Verboten wurde er vor 100 Jahren, weil man ihm
abenteuerliche Wirkungen nachsagte. Die Hersteller ließen darauf-
hin den Wermut weg und verkaufen den Rest – Anis und Fenchel –
bis heute als Anisschnaps.

✳ Von Anisschnaps darf man nicht zu wenig trinken

Im nahegelegenen Pontarlier betreibt Familie Guy eine Destillation. Monsieur
Francois Guy, der Herr des Hauses, begrüßt mich herzlich. In der Brennerei
stehen noch alte Kupferkessel, die ihm sein Urgroßvater, der vor hundert
Jahren ebenfalls den verrufenen Absinth destillierte, vermacht hat. Denn
wie jeder andere Schnaps, wird auch der Anisschnaps gebrannt. In die Kessel
kommt ein Sack Anis und Kräuter wie Süßholzwurzel oder Fenchelsamen.
Die Kräuter werden mit 96-prozentigem Alkohol direkt aus dem Schlauch
versetzt. Wenn der Schnaps zwei Tage lang gebrannt wurde und der Alkoholgehalt nur noch bei 40 % liegt, wird der Mischung Glukose, flüssiger Zucker,
zugesetzt. Dazu kommen in Wasser aufgelöste Kräuter, die
Geheimmischung der Familie Guy, die ihrer Anisspirituose
die einzigartige, leicht gelbliche Farbe geben.

Monsieur Guy steht treu zu seinem Produkt;
den Lakritzgeschmack des Anisschnapses
würde ich nach drei, vier Gläsern gar nicht
mehr wahrnehmen, verspricht er mir …

Den Anis bezieht er aus Südspanien,
aus der Nähe von Alicante. In seinen
Augen gibt es dort den besten Anis der
Welt. Als ich versuche, einen Sack mit
Anissamen zum Kessel zu schleppen,
merke ich, dass man als Schnapsbrenner
kein Schwächling sein darf: eine richtige
Plackerei!

Übrigens: Da die abenteuerlichen Geschichten um den Absinth sich als Märchen erwiesen haben, stellt ihn Familie Guy seit ein paar Jahren wieder her. Jetzt kommt wieder Wermut in den Schnaps!

* Absinth

Absinth wird nicht getrunken, sondern zelebriert, zum Beispiel zum Aperitif. Man legt Zucker auf einen Löffel, diesen dann auf den Rand eines Glases. Dann lässt man frisches Quellwasser im Verhältnis 1:5 über den Zucker in das Glas mit Absinth laufen. Kaum zu Hause angekommen, trinke ich jedoch zusammen mit Luc erneut Absinth – dieses Mal zum Aperitif. Nach insgesamt sechs Schnäpsen frage ich mich, ob die Geschichten über den Absinth nicht doch wahr sind?

* Das Räuchern hat Tradition im Jura

Die Morteau-Wurst ist eine besondere Wurst. In den grundsoliden Wurstfabriken des Jura werden jährlich über 3000 Tonnen hergestellt. Dennoch muss ich mir auch diese Wurst erarbeiten. In kleidsamer Schutzkleidung und umsichtig geleitet von Monsieur Hubert Decreuse, dem »kleinen Metzger«, wie er sich mir vorstellt.

Der Schweinedarm wird mit einem Holzstückchen mit einer Kordel verschlossen, es werden keine Metallverschlüsse verwendet. In die Saucisses de Morteau kommen nur regionales Schweinefleisch und Gewürze (deren Mischung natürlich ein Geheimnis bleibt!). Dann müssen sie nur noch geräuchert werden. Räuchern hat in der Gegend Tradition. Die Bauernhäuser haben bis heute hohe Schornsteine, in deren Rauch die Würste hängen.

* Mit Absinth kann man auch kochen

Für heute Abend habe ich mir etwas Besonderes vorgenommen: Ich möchte zwei Saucen machen, eine mit Anisschnaps, eine mit Absinth. Von dem Ergebnis meines Experiments bin ich sehr angetan: Die Sauce mit Anis schmeckt kräftiger, die mit Absinth herber.

✳ Morteau-Wurst mit Jura-Wein und Pontarlier-Anis

Zutaten für 8 Personen
2 Morteau-Würste
1 Zwiebel
1 Karotte
50 g Speck
5 cl Pontarlier-Anis
100 ml Kalbsfond
40 cl Jura-Wein
1 Bouquet garni
100 ml Sahne
Butter

1. Die Würste 20 Minuten erhitzen, ohne sie einzustechen.

2. Für die Sauce inzwischen die Zwiebel hacken, die Karotte und den Speck in kleine Würfel schneiden und alles zusammen in etwas Butter anschwitzen. ✳ Mit Pontarlier-Anis ablöschen und Kalbsfond und Wein dazugeben. ✳ Das Bouquet garni in die Sauce geben, die Sauce auf die Hälfte reduzieren und die Sahne unterrühren. ✳ Die Sauce abschmecken und noch etwas einkochen, bis sie schön sämig ist. ✳ Zum Schluss durch ein Sieb passieren. ✳ Dazu passen Karotten-Mousse und Kartoffel-Plätzchen.

 Wer will (und kann!), kann die Sauce auch nach dem Ablöschen flambieren.

 Vor dem Servieren die Pelle von der Wurst entfernen. Die Morteau-Würste mit dem unverwechselbaren Geschmack erhält man in sehr guten Delikatessenläden. Hubert Decreuse exportiert sie auch nach Deutschland!

Joyeux

… wo ich erfahre,
dass Fische Milch geben

La Bicyclette Bleue
Vincent Liégeois
Village
01800 Joyeux
Tel. 00 33 4 74 98 21 48
www.labicyclettebleue.fr

Chère Sarah,
Vincent Liégeois serviert
Ihnen gefüllten Karpfen in
Kakaosauce in seinem Restaurant
La Bicyclette Bleue in Joyeux.
Guten Appetit!

Das klingt nach einem Experiment. Oder ist es nur ein Wortspiel? Ein Karpfen, der in einer braunen Sauce schwimmt? Ich bin sehr gespannt.

✳ Das Land der tausend Seen

Joyeux heißt zu Deutsch heiter oder auch fröhlich, und ich hoffe, das ist ein gutes Vorzeichen für meine nächste Aufgabe. Das kleine Dorf liegt in der Dombes, im Osten Frankreichs. Die Dombes heißt nicht umsonst »das Land der tausend Seen«; seit über achthundert Jahren wird hier Fischzucht betrieben. Alle drei Jahre werden die Teiche leer gefischt und trocken gelegt. Anschließend baut man ein Jahr lang Getreide oder Mais an. So verhindert man, dass das Wasser brackig wird und die Fische nach Schlamm schmecken.

Das Dorf hat weder einen Metzger noch eine Post, dafür aber eine Kirche und einen Bürgermeister. Aber vor allem hat es das Restaurant mit dem schönen Namen »Zum blauen Fahrrad«, ein Haus mit langer Tradition. Vincent Liégeois hat das Restaurant vor acht Jahren übernommen. Schon als kleines Kind stand er gerne in der Küche und am Grill und beschloss früh, seine Leidenschaft zum Beruf zu machen. Seine Lehrjahre verbrachte er im Pariser Ritz.

* Der Karpfen schmeckt gar nicht nach Karpfen

Der Karpfen ist eine Spezialität der Dombes. Vincent Liégeois hat eine klare Meinung zum wässrigen Fleisch des Karpfens, das im Ruf steht, nach brackigen Tümpeln zu schmecken, die er mir auch verrät: »Das ist kein Fisch, den man einfach pur essen kann. Man muss ihn zubereiten, ihm mehr Geschmack geben.« Und genau deswegen findet er es interessant, mit diesem Fisch zu arbeiten. Hier, in der Dombes, versteht man es, den Fisch in eine Delikatesse zu verwandeln, von der Gourmets in aller Welt träumen. Der Kakaosauce traue ich dennoch immer nicht ganz über den Weg.

Vincent hat aus einem kleinen Haus ein sehr süßes Restaurant gemacht. Der Stil der Einrichtung wird von hellem Holz geprägt und überall hängen kleine Bilderrahmen mit alten Fotos.

Überrascht stelle ich fest, dass der Karpfen nicht nach Schlamm schmeckt. Das kommt daher, klärt mich Vincent stolz auf, weil er aus der Dombes kommt.

Zum Fisch serviert er einen Flan, der nicht süß ist und dessen besondere Zutat er mich erschmecken lässt. Erst nach reiflicher Überlegung wage ich eine Vermutung: Artischocke? Fast, Kardone, ein hiesiges Gewächs, aus der Familie der Artischocke.

* Kardone

Die Kardone, auch Gemüseartischocke genannt, kann zwei Meter hoch werden. Man isst nicht die Blüten wie bei der Artischocke, sondern die Stängel. Noch vor vierhundert Jahren war sie in ganz Europa verbreitet. Da der Anbau sehr arbeitsintensiv ist, findet man sie heute nur noch in wenigen Regionen Frankreichs.

* Auf Karpfenfang wie seit Jahrhunderten

Als Erstes gehe ich angeln. Allerdings wird in den Seen der Dombes nicht gemütlich geangelt, Tier für Tier, sondern ein ganzer Teich an einem Tag. Meinen heutigen Jagdgrund hat man schon vor drei Wochen begonnen trocken zu legen. Nur in der Mitte sehe ich noch eine Rinne voller Wasser – und voller Fisch. Die Fangmethode ist seit Jahrhunderten erprobt: Wir ziehen ein großes Netz an beiden Seiten der Rinne von einem Ende zum anderen. Dem Netz kann kein Fisch entwischen. Am Ende drängen sich fast drei Tonnen Fisch, vor allem Karpfen, im Netz – darunter riesige Exemplare, die ich mich gar nicht traue anzufassen.

Die Karpfen werden lebend transportiert, was mich sehr besorgt. Wie kann ein Fisch in so wenig Wasser überleben? Doch man beruhigt mich: Der Karpfen sei ein sehr resistenter Fisch, der fast einen halben Tag im Schatten überleben kann, dann kommt er wieder ins Wasser. Beim Ausnehmen des Fisches entdecke ich, dass eine weißliche Flüssigkeit aus den Gonaden austritt. Die Fischer nennen diese kurioserweise »Fischmilch« und raten mir, eine Füllung daraus zuzubereiten. Das sei köstlich.

* »Man muss immer alles ausprobieren.«

Diese Idee nehme ich mit ins Blaue Fahrrad. Vincent ist sofort einverstanden, denn Karpfen mit Fischmilch bekomme man selten. Ich entschließe, den Karpfen mit der Milch zu füllen. Er ist Feuer und Flamme. Auch meinen Vorschlag, aus Lorbeerblättern Schuppen auf den Teig zu stecken, nimmt er wohlwollend, aber weniger enthusiastisch zur Kenntnis. »Man muss immer alles ausprobieren.«

✳ Karpfen im Salzteig mit Kakaosauce

Zutaten für 4 Personen
Ein Karpfen von 2 kg

Für den Teig
1,8 kg grobes Salz
900 g Mehl
6 Eiweiß
Wasser

Für die Füllung
200 g Karpfenfilet
1 Ei
200 ml flüssige Sahne
Salz, Pfeffer

Für die Sauce
2 Schalotten
4 Champignons
¼ l Wermut Noilly Prat
(oder Martini Dry)
½ l flüssige Sahne
½ l Fischfond
1 TL ungesüßtes
Kakaopulver

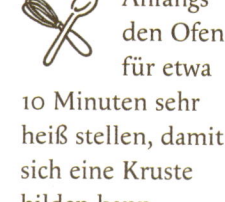

Anfangs den Ofen für etwa 10 Minuten sehr heiß stellen, damit sich eine Kruste bilden kann.

1. Für den Salzteig Salz und Mehl vermischen. ✳ Eiweiß und so viel Wasser dazugeben, bis ein glatter Teig entsteht. ✳ Kühl stellen.

2. Für die Füllung die Karpfenfilets mit dem Ei klein hacken, flüssige Sahne, Salz und Pfeffer dazugeben.

3. Den Karpfen ausnehmen und die Kiemen entfernen. ✳ Den Fisch füllen und mit Küchengarn zunähen.

4. Für die Sauce die Schalotten und die Champignons in Noilly Prat (oder Martini Dry) und Fischfond dünsten. ✳ Einkochen, bis fast die ganze Flüssigkeit verdampft ist. ✳ Sahne und Kakao einrühren und noch weiter reduzieren. ✳ Durch ein Sieb streichen und im Mixer pürieren.

Von September bis Dezember können frische Kardone auf guten deutschen Märkten gefunden werden. Hierbei handelt es sich um Importe aus Italien, Frankreich und Spanien. Sie trocknen schnell aus und werden dann faserig. Beim Einkauf sollte man daher auf feste und knackige Stiele achten. Falls Sie keine Kardone bekommen können, sind Artischockenherzen ebenfalls eine ideale Beilage.

5. Den Teig in zwei Hälften teilen und jeweils etwa 1 cm dick ausrollen. ✳ Den Karpfen auf eine Teighälfte legen und mit der anderen Hälfte zudecken. ✳ Im Ofen ¼ Stunde bei 250 °C backen, dann auf 200 °C herunterschalten und weitere 1,5 Stunden garen.

Nizza

… wo auch vegetarisch gekocht wird

La Zucca Magica
4 bis, quai Papacino
06300 Nizza
Tel. 00 33 4 93 56 25 27
www.lazuccamagica.com

Chère Sarah,
was halten Sie von einer Woche Urlaub
in der Bucht der Engel? Aber vorher sind
Sie mit Marco Folicaldi in seinem
Restaurant La Zucca Magica verabredet.
Er serviert Ihnen seine petits farcis.
Guten Appetit!

Ist das eine Dessert-Aufgabe, frage ich mich? Petits farcis – das klingt so süß, so niedlich.

✳ Gemüse, frische Kräuter und reichlich Olivenöl

Nizza hat durch die Fülle der regionalen Produkte eine eigenständige Küche entwickeln können, die reichlich frisches Gemüse wie Artischocken, Auberginen, Zucchini, Tomaten, Paprika, Knoblauch und Zwiebeln verwendet. Diese Gemüse werden als Eintopf wie z. B. Ratatouille serviert, kurz gebacken wie die Zucchiniblüten (beignetes de fleurs de courgettes) serviert, aber auch roh gegessen, wie in dem berühmten Salat Niçoise (Nizzasalat). Wie bei der gesamten Küche der Provence verwenden die Köche reichlich Olivenöl, oft begleitet von den berühmten Kräutern der Provence: Basilikum, Fenchel, Rosmarin, Thymian, Bohnenkraut, Salbei, Majoran, Minze und Koriander.

    Die Bucht von Nizza ist die Heimat der Reichen und der Schönen. Die Stadt ist einer der wärmsten und angenehmsten Orte an der Côte d'Azur.

Im Hafen, wo ich auch Marco Folicaldis La Zucca Magica (Der magische Kürbis auf Italienisch) finde, bewundere ich schicke Jachten. Vor elf Jahren ist der gebürtige Italiener aus dem lauten Rom ins lauschige Nizza geflohen, um hier mit seiner Frau Rosella Tomaten, Paprika und runde Zucchini mit Olivenpasten, Basilikumsaucen und anderen Köstlichkeiten des mediterranen Gartens zu füllen: vegetarische »petits farcis«. Ich bin entzückt; endlich bekomme ich, was ich mir so lange gewünscht habe: eine »fleischlose« Aufgabe!

»Ich liebe Gemüse«, vertraut Marco mir an, »und Tiere mag ich auch. Aber die mag ich nicht essen.« Das freut die Tiere und das freut auch mich. Außerdem erfahre ich, dass er Österreich liebt, denn seine Großmutter war Österreicherin. Sie vererbte Marco auch die Liebe zur Küche.

Die petits farcis, das gefüllte Gemüse, das ich auf meinem Teller finde, ist gar nicht so klein und ausgesprochen köstlich. Und meine erste Mission, Oliven für die Paste zu pflücken, übernehme ich liebend gern. Das hört sich an, als sei es eine sehr angenehme Tätigkeit!

Oben in den Bergen hinter Nizza wachsen die delikatesten Oliven rund um das Mittelmeer, die Cailletier-Oliven. Die Früchte sind klein, aber groß im Geschmack. Der Olivenbauer Jean-Yves Lessatini lagert viele Fässer davon in seinem Keller.

✳ Oliven wollen per Hand entstielt werden

Auch Jean-Yves ist italienischer Herkunft, wie viele Bewohner dieses Departements. Im Keller zeigt er mir die Fässer, auf denen sich eine Schimmelschicht gebildet hat, die ich misstrauisch beäuge. Hierin werden die Oliven seit einem Jahr in Wasser und Salz gelagert. Dadurch wurde, erklärt mir Jean-Yves, Milchsäure freigesetzt, und diese ist die Schuldige für die Schimmelschicht.

Exploitation Oléicole de la Tour
Jean-Yves Lessatini
77, Vieux Chemin de Laghet
06340 La Trinité
Tel. 00 33 4 93 54 33 41
www.lessatini-olives.fr.tcl

Ich probiere eine Olive, die sehr mild schmeckt. Die einjährigen Oliven sind nun bereit für die Olivenpaste. Ungläubig stelle ich fest, dass Jean-Yves die Oliven tatsächlich mit der Hand entstielt und sortiert – all die Millionen und Abermillionen Oliven! Immerhin übernimmt eine Maschine das Entsteinen und Pürieren, das beruhigt mich wieder ein wenig. Alle drei Sekunden spuckt die Maschine genau dosierte Paste aus, da darf ich beim Gläserwechseln nicht ins Träumen kommen!

✳ Olivenpaste

Gute Olivenpaste ist auch in Deutschland erhältlich. Vorsicht: Nicht mit Tapenade verwechseln, die neben den Oliven auch Sardellen enthält. Die reine Olivenpaste kann auch ganz einfach hergestellt werden: Einfach schwarze Oliven zusammen mit Olivenöl pürieren.

Nun zum Wichtigsten, dem Gemüse. Das finde ich bei (dem selbstverständlich italienischstämmigen) Albert Luciano, der auf nur drei Hektar Tomaten, Auberginen, Zucchini und Paprika anbaut. Da die Felder am Hang liegen, ist die Bewirtschaftung nicht einfach. Ich finde schnell, was ich suche: runde Zucchini.

✳ Zucchini

Wie auch alle Kürbisarten stammt die Zucchini aus Zentralamerika und kam erst im Laufe des 18. Jahrhunderts nach Italien. Mittlerweile ist das grüne Gemüse ein Symbol der Küche des Südens und in vielen verschiedenen Formen zu finden. Nizza hat sogar den eigenen »ronde de Nice« zu bieten, eine runde Form des Gemüses, die sich sehr gut zum Füllen eignet und auch auf unseren Märkten zu finden ist – wenn man hartnäckig genug sucht. Aufpassen:

Zucchini sollten nicht in der Nähe von nachreifenden Früchten wie Äpfeln gelagert werden, da das von diesen abgesonderte Äthylen das Gemüse schnell reifen lässt.

✳ Alle Aromen der Côte d'Azur auf einem Teller

Hinter der Festung am Mont Alban, hoch über der Bucht von Villefranche, suche ich mit Jean Bossu, dem lokalen Experten für alle Kräuter der Gegend, die passenden für mein Diner. Ich nehme auch ein bisschen Lavendel mit, mein Beitrag zu Marcos Rezept, der Kräuter nicht nach festen Vorgaben verwendet, sondern nach Lust, Laune und Gelegenheit.

Albert Jean-Marc Luciano
341, Chemin de Ladré
06440 Villefranche-sur-Mer
Tel. 00 33 4 93 76 77 26

Die kleinen gefüllten Gemüse-Vorspeisen bereiten wir mit Zutaten für 4 Personen:

✳ Paprika mit Amaretti, Olivenpaste, schwarzen Oliven und Kapern

16 Amaretti (ital. Mandelkekse)
4 gelbe Paprika
2 Tomaten
1 EL Olivenpaste (Tapenade)
1 EL eingesalzene Kapern, gut gewässert und gehackt
1 EL Rosinen, gehackt

2 EL entkernte schwarze Oliven, gehackt
3 fein gehackte Knoblauchzehen, Basilikum, gehackt
kaltgepresstes Olivenöl
Salz

1. Den Backofen auf 200 °C vorheizen.

2. Zwölf Amaretti zerbröseln. ✳ Die Paprikaschoten waschen, die Deckel abschneiden und Schoten aushöhlen. ✳ Die Schoten leicht salzen, mit der Schnittfläche nach unten in eine Auflaufform stellen und im heißen Ofen ungefähr 15 Minuten garen (je nach Ofen).

3. Währenddessen die Tomaten waschen, klein schneiden und mit den anderen Zutaten vermengen.

4. Die Paprika aus dem Ofen nehmen, den Gemüsesaft auffangen und aufheben. Abkühlen lassen. * Nun können die Schoten gefüllt werden.

5. Zum Abschluss mit den vier übrigen zerbröselten Keksen bestreuen und bei 220 °C ungefähr 20 Minuten überbacken (je nach Größe der Paprika). * Lauwarm oder kalt servieren.

* Zucchini mit Wildkräuter-Pistou und Ziegenkäse

Basilikum	Thymian
Borretsch	kaltgepresstes Olivenöl
Brennnessel	Ziegenfrischkäse
Salbei	Parmesan
Rosmarin	Salz
Minze	Muskatnuss
Lavendel	4 runde Zucchini

1. Die Kräuter in den Mixer geben und zu einer Paste verarbeiten. * Olivenöl hinzufügen, mit Frischkäse und Parmesan vermischen und mit Salz und Muskatnuss würzen.

2. Die Zucchini waschen, die Deckel abschneiden, aufheben und das Gemüse aushöhlen. * Nun können die Zucchini gefüllt werden. * Danach die Deckel wieder aufsetzen. * Dann im 220 °C heißen Ofen ungefähr 20 Minuten backen (je nach Größe der Zucchini). * Lauwarm oder kalt servieren.

* Tomaten mit Linsenfüllung

200 g kleine grüne Linsen	50 g Bauernbrot ohne Rinde
4 Karotten	ein halbes Glas Vollmilch
2 mittelgroße Kartoffeln	200 g Parmigiano Reggiano
2 Selleriestangen	eine Messerspitze Majoran
6 Knoblauchzehen	ein halbes Glas kaltgepresstes
8 Lorbeerblätter	Olivenöl
8 Tomaten	eine gute Prise frisch geriebene
2 Petersiliensträußchen, gehackt	Muskatnuss
1 Basilikumsträußchen, gehackt	Salz

1. Die Linsen waschen und mit reichlich kaltem Wasser in einen Topf geben. * Karotten, Kartoffeln und Sellerie waschen, in grobe Stücke schneiden und mit zwei fein gehackten Knoblauchzehen und den Lorbeerblättern zu den Linsen

hinzufügen. * Die Tomaten waschen und aushöhlen. * Die Deckel aufheben und das Tomatenfleisch in den Linsentopf rühren. * Die Linsen benötigen ab dem ersten Aufkochen dreißig Minuten Garzeit. * Abtropfen lassen und das Kochwasser aufbewahren.

2. Die Linsen im Mixer pürieren. * Dabei nach und nach die vier Knoblauchzehen, die Petersilie, das Basilikum und ein wenig Linsen-Kochwasser hinzufügen, um eine weichere Konsistenz zu erzielen.

3. Das Brot in der Milch einweichen. * Den Parmesan reiben.

4. Die pürierten Linsen in eine Salatschüssel geben, das abgetropfte Brot, 150 g Parmesan, Majoran, ein halbes Glas Olivenöl extra vergine, geriebene Muskatnuss und etwas Salz sehr sorgfältig untermischen. * Die Mischung abschmecken und gegebenenfalls noch etwas Salz hinzufügen.

5. Die Tomaten mit der Linsenmischung füllen, mit einem Schuss Olivenöl würzen und mit dem restlichen Parmesan (50 g) bestreuen. * Die Tomaten bei 220 °C 20 Minuten lang überbacken, die Deckel danebenlegen. * Aus dem Ofen nehmen und abkühlen lassen.

6. Die Tomatendeckel schräg aufsetzen und mit einem traditionellen Mesclun-Salat aus Nizza (Mischung aus Blättern und Trieben von jungem, wildem Blattgemüse wie Bocksbart, Feldsalat, Kerbel, Löwenzahn, Pimpinelle, Portulak, Rauke usw.) oder mit einer Tomatensauce servieren.

Seien Sie vorsichtig beim Salzen der Tomatenfüllung. Durch den Käse und die Olivenpaste ist die Füllung bereits ausreichend gewürzt und die verschiedenen Aromen sind intensiv und benötigen keine Unterstützung.

Champagny

... wo es nicht nur um die Wurst, sondern auch um den Käse geht

Le Refuge du Laisonnay
Le Laisonnay d'en Haut
73350 Champagny-en-Vanoise
Tel. 00 33 6 08 54 34 61
www.laisonnay.com

Chère Sarah,
die Berghütte Le Refuge du Laisonnay
ist am Ende des Champagny-Tals. Dort
serviert Ihnen Emmanuel Deschamps
Crozets mit Beaufort und Diots. Schonen
Sie Ihren kleinen Käfer.

Die Berge sind für mich Erholung pur! Weil man nie weiß, was hinter dem nächsten Hügel oder der nächsten Biegung liegt, weil die Landschaft immer anders ist, weil es eine Ursprünglichkeit fernab der Zivilisation gibt, die man kaum noch in Europa findet. In den Bergen bin ich aufgewachsen und fühle mich zu Hause.

✳ Hier geben die Kühe gute Milch

In Savoyen steht der Käse im Mittelpunkt der kulinarischen Spezialitäten. Hier liefern die weidenden Kühe die Milch für hervorragenden Käse wie Reblochon, Beaufort, Tomme, Vacherin und Emmentaler. Kein Wunder, dass viele regionale Rezepte auf Käse basieren: das berühmte Käsefondue, das Raclette, die Tartiflette (Kartoffel-Käse-Zwiebel-Auflauf).

Es geht bergauf – in die Alpen. Auf die Gipfel, neben die Gletscher und an reißende Bäche. Hier im Champagny-Tal gibt es noch glückliche Kühe auf

saftig-grünen Almen mit bunten Bergblumen. Am Ende des Tals, auf
600 Metern Höhe, da wo sich Bergziege und Murmeltier gute Nacht sagen,
liegt das Refuge du Laisonnay, das von Emmanuel Deschamps und seiner
Mutter bewirtschaftet wird. Im Winter arbeitet er als Feuerwehrmann und
im Sommer als Koch. Sein verstorbener Großvater war ein strenger Lehr-
meister, und sein Wissen ist auch heute noch Grundlage von Emmanuels
Küche. Selbst der Grill, auf dem die Würstchen gegrillt werden, stammt von
ihm! Emmanuel hat eine ganz besondere Art, die Diots, die heimischen
Würstchen, zuzubereiten: Er dämpft sie mit Wein und über einer Zwiebel.
Auch diese Technik stammt vom Großvater, der, so Emmanuel, heute noch
hin und wieder als Geist erscheint und ihnen den Hintern versohlt, wenn sie
seine Küchenlehren nicht befolgen.

Als ich ankomme, regnet es wie aus Eimern. Hätte ich mir für meine
nächste Mission nicht nur Berge, sondern auch Sonne wünschen sollen?
Das Haus ist eine wunderschöne ursprüngliche Holzberghütte mit maximal
acht Tischen, einer winzigen Küche und einfachen Schlafplätzen im oberen
Stockwerk für die müden Wanderer.

Drinnen gibt es kein elektrisches Licht, nur Kerzen. Ein Generator erzeugt
Strom für Küche und Bar, aber das Restaurant wird rein »natürlich« beleuch-
tet. Jetzt erfahre ich auch, was es mit Crozets auf sich hat: Es sind winzige,
quadratische Nudeln aus Buchweizenmehl, eine Spezialität aus diesem Tal,
die Emmanuel mit Beaufort-Käse zubereitet. Dazu serviert er die Diots, grobe
Bauernwurst aus Schweinefleisch. Ein einfaches, sehr schmackhaftes Gericht!

✳ Beaufort

Der große runde Hartkäse wird ausschließlich aus Rohmilch hergestellt, die von den mahagonibraunen Kühen der Rasse Tarentaise stammt. Typisch für den Beaufort ist sein glatter Teig, seine feuchte Rinde und sein fruchtiger Geschmack. Um einen durchschnittlich großen Käse von 45 Kilo herzustellen, werden 540 Liter Milch benötigt – die Tagesproduktion von 45 Kühen. Die leckere Milch geben die Kühe von Juni bis September, wenn sie auf den Bergweiden grasen können. Nach etwa sechs Monaten Reifezeit kommt dann der Käse mit dem hellgelben Teig in den Handel. Der aus Wintermilch gemachte Beaufort hat dagegen einen fast weißen Teig.

✳ Auch Kühe sind keine Frühaufsteher

In den Höhen der Alpen treffe ich einen ausgesprochen charmanten Bergbauern, Claude Glise. Hier mache ich mich auf die Suche nach dem Bergkäse der Alpen, dem Beaufort. Claude bewirtschaftet die Almen von Mitte Juni bis Ende September. Mit den Kühen zieht er der Alpenblüte hinterher, und damit nach und nach den Berg hinauf. Das Chalet, in dem ich übernachte, liegt auf 2000 Meter Höhe … und ist schlecht geheizt. Gemolken wird zwei Mal am Tag, am frühen Abend und am noch früheren Morgen: Der Wecker klingelt um zwei Uhr. Jetzt, Mitte Juni, stehen die Kühe noch tief unter der Hütte. Dort steht auch die mobile Melkmaschine, die im Laufe der Monate zusammen mit den Kühen den Berg hinaufwandert. Die Kühe wissen, wann es Zeit wird, gemolken zu werden, und sind sehr fügsam und verträglich. Die ein oder andere scheint genauso müde zu sein wie ich. Aber einfacher wird das Melken dadurch trotzdem nicht … Euter und Melkmaschine dürfen nicht schmutzig werden, denn wenn Dreck in den Milchtank kommt, muss die ganze Milch weggeschüttet werden. Nach zweieinhalb Stunden sind endlich alle Kühe ausgemolken und sie können zurück auf die Weide. Für uns fängt die Arbeit erst an, denn die Milch, die nach den Kräutern und Blumen der Alm schmeckt, muss sofort verarbeitet werden. Sie gibt dem Beaufort seinen unverwechselbaren Geschmack. Die Milch wird zuerst in großen Kesseln erhitzt, dann wird Lab hinzugegeben.

Nach einer halben Stunde ist die Milch zu Gallerte eingedickt. Die Gallerte wird mit der Käseharfe (einem Instrument, das genauso aussieht, wie sein Name vermuten lässt) in kleine Teile zerschnitten – in Käsebruch. Die großen Stücke wandern an die Oberfläche. Dann wird der Käsebruch auf 54 °C erhitzt. Die Hitze zieht die Körner zusammen, und der Käsebruch stößt noch mehr Molke ab. Danach kommt der wirklich knifflige Teil, das Abfischen des Käsebruchs mit einem feinmaschigen Netz. Im Kessel soll später nur die Molke zurückbleiben. Das verlangt nicht nur Fingerspitzengefühl, sondern auch Kraft!

Alpage de Pitord
Claude Glise
Les Prioux

Der noch weiche Käse wird in einer Presse in die richtige Form gebracht und dann in einer Kammer zum Reifen gelagert, mindestens fünf Monate lang. Aus 1500 Litern Milch gewinnt Claude vier große Laibe Beaufort mit dem Umfang eines Wagenrades.

Im Refuge sind meine Nudeln mittlerweile im Salzwasser gelandet. Perfektionist Emmanuel ist nicht ganz zufrieden mit meiner Arbeit, einige sind ein wenig groß geraten.

111

✳ Crozets mit Beaufort

Für den Teig
(Zutaten für 4 Personen)
300 g Buchweizenmehl
75 g Weizenmehl
75 g Hartweizengrieß
5 g Salz
1 Ei
heißes Wasser

Für die Crozets mit Käse
Crozets
1 EL Gänsefett
grobes und feines Salz
200 g Beaufort-Käse
¼ l Crème fraîche
Paprikapulver

1. Die beiden Mehlsorten und den Grieß mischen. ✳ Das Salz und das Ei hinzufügen. ✳ Nach und nach heißes Wasser unterkneten, bis ein fester Teig entsteht. ✳ Den Teig in ein Tuch oder eine Plastiktüte wickeln und 2 Stunden ruhen lassen.

2. Den Teig ausrollen und in 5 x 5 mm große Quadrate schneiden. ✳ Auf einem Brett oder Tuch trocknen lassen.

3. Die Crozets in reichlich Salzwasser 30–40 Minuten kochen. ✳ Abtropfen lassen und mit viel kaltem Wasser abschrecken.

4. Das Gänsefett in einer Pfanne erhitzen. ✳ Die Crozets im heißen Fett braten und mit Salz würzen. ✳ Den in Streifen geschnittenen Käse hinzugeben. ✳ Wenn der Käse zu gratinieren beginnt, die Crème fraîche angießen und einkochen lassen.

5. Auf eine Servierplatte geben, mit Paprikapulver bestreuen und sofort servieren.

> Den Teig ganz dünn ausrollen, die Crozets müssen ganz klein sein. Dabei darauf achten, dass alle Nudeln ungefähr die gleiche Größe haben, dann werden sie gleichmäßig gar.

* Diots in Weißwein

8 Diots von je 60 g
½ l Weißwein aus Savoyen, Rebsorte Jacquère
½ l Wasser
3 Gewürznelken
2 Zwiebeln
Salz, Pfeffer
Weinranken

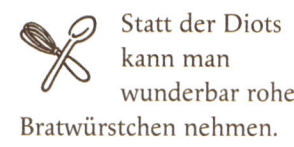

Statt der Diots kann man wunderbar rohe Bratwürstchen nehmen.

1. Die Diots auf einem Rost grillen, ohne sie vorher einzustechen. *
Das Fett auffangen.

2. ½ l Weißwein, ½ l Wasser und eine mit Gewürznelken gespickte Zwiebel
in einen Schmortopf geben; salzen und pfeffern.

3. Die Ranken gründlich waschen, trocknen und in den Topf legen. * Sie
müssen über und nicht in der Flüssigkeit liegen. * Den Topfinhalt erhitzen,
die gegrillten Würste auf die Ranken legen und 10 Minuten im Dampf ziehen
lassen. * Die Diots mit frischer Petersilie bestreut servieren.

Tipp: Dazu passt ein Roussette
de Savoie, ein trockener Weißwein
mit einem schönen Aroma von
Blumen und Früchten.

113

La Cotinière

... wo wir auf hohe See gehen

Chère Sarah,
Ihre nächste Etappe ist die
Île d'Oléron: Luc Zindel vom
L'Assiette du Capitaine im Hafen
von La Cotinière bereitet dort
für Sie eine Langustinenpfanne
nach Bauernart zu.

L'Assiette du Capitaine
2 bis, boulevard du
Capitaine Leclerc
La Cotinière (Le Port)
17310 Saint Pierre d'Oléron
Tel. 00 33 5 46 47 38 78

Eigentlich hatte ich mir ja gewünscht, dass meine nächste Mission mich nach Martinique führen würde und ich dort am Strand Fischbällchen zubereiten dürfte. Aber die Île d'Oléron ist ebenfalls ganz nach meinem Geschmack. Die Insel liegt zwar nicht in der Karibik, dafür aber im Atlantik, und hier scheint dieselbe Sonne. Und es gibt wunderschöne weiße, lange Sandstrände zu entdecken. Vom Festland aus führt eine mächtige Brücke auf die Insel, mit ihren 3027 Metern bei ihrem Bau in den 60er-Jahren die längste Brücke Frankreichs.

✳ Austern, Muscheln, Schnecken

Das milde Klima und der Ozean bereichern die Küche der Region um ein großes Angebot an Zutaten. Dazu zählen die berühmten Austern aus Marennes-Oléron, der »Austernhauptstadt der Welt«, ihre Moules de Bouchot (Miesmuscheln) und ihre Escargots (Schnecken). Aber das wohl weltweit bekannteste Produkt aus der Region ist der Cognac. Übrigens: Ein Cognac

darf sich nur Cognac nennen, wenn er in dieser Gegend hergestellt wurde!

Mit La Cotinière hat die Île d'Oléron einen der größten Fischereihäfen Frankreichs. Doch Matrosen sind auf der Île d'Oléron selten geworden. Heute lebt man eher von den zahlreichen französischen und ausländischen Touristen. Im Hafen liegt auch das Restaurant von Luc Zindel. Seine Karriere in der Gastronomie begann er als Kellner, doch Kochen war immer seine große Leidenschaft. Vor allem Fisch hat es ihm angetan. Fisch, das ist seine Devise, sollte man einfach zubereiten, damit der wahre Geschmack nicht verloren geht. Und er hegt eine heftige Abneigung gegen Tiefkühlkost; er verarbeitet ausschließlich frischen Fisch aus La Cotinière. Die Qualität, sagt er, ist unübertroffen.

Luc ist ein sehr sympathischer junger Koch, der die gleiche Kochphilosophie hat wie ich: Bei ihm kommen nur frische Produkte auf den Tisch, einfach zubereitet, damit alle Aromen erhalten bleiben. Als Aperitif überreicht er mir Pineau des Charentes, eine Mischung aus Traubensaft und Eau de vie de Cognac, die in Fässern gelagert wird.

Luc bereitet seine Langustinenpfanne nach Bauernart mit Speck und Kartoffeln und mit viel selbstgemachter Knoblauchbutter zu – das ist der besondere Pfiff dieses Gerichtes. Und natürlich der kräftige Schuss Cognac, der am Schluss dazukommt. Der ist in seiner Küche immer vorrätig. Die Langustinen muss ich allerdings erst fangen. Luc versichert mir, dass ruhige See vorausgesagt wurde …

* Die Fischerei, ein Knochenjob

Normalerweise fahren die Fischer drei Tage aufs Meer, und das bedeutet drei Tage Arbeit rund um die Uhr. Für mich wird heute eine Ausnahme gemacht und wir bleiben nur zwei Tage. Auf hoher See werden die Netze ausgeworfen. Die Methode ist umstritten, denn es wird mit Grundschleppnetzen gefischt. Das Netz schleift über den Meeresboden und wühlt dort alles auf, was wächst und lebt. Dabei macht es keinen Unterschied zwischen der eigentlichen Beute, den Langustinen, und zufälligen Opfern. Doch von März bis September interessieren die Fischer nur Langustinen und Seezungen. Die anderen Fische und Krabben gelten als Beifang und dürfen wieder ins Wasser, solange sie nicht auf dem Markt gefragt werden. Manche müssen also für nichts sterben und es tut mir weh, das zu sehen. In drei Tagen werden bis zu zwei

Tonnen verwertbarer Fisch gefangen. Wie viel Beifang zurück ins Meer gespült wird, wird nicht gezählt.

Bevor ich aber in der Nacht den Fang sortieren muss, darf ich mich noch ein wenig in der engen und heißen Koje ausruhen. Viel Ruhe bekomme ich nicht, alle eineinhalb Stunden werden die Netze hochgezogen. Für die Matrosen ist es Alltag: Kurz schlafen, aufstehen, anpacken. Für mich ist es ein Knochenjob.

* Kartoffeln haben hübsche Namen

Die Böden auf der Insel sind sandig und leicht bis mittelschwer und erlauben damit den Anbau von Kartoffelsorten, die es in Frankreich sonst nicht gibt. Luc verwendet die Sorte Charlotte, doch der Kartoffelbauer Samuel Parent empfiehlt mir die Sorte Amandine, die sei der Charlotte sehr ähnlich, sähe aber hübscher aus. Überhaupt seien die Wünsche der Kunden wichtig für den Anbau, wenn nicht gar ausschlaggebend. Jetzt wolle der Kunde längliche und gelbliche Sorten und deshalb werden vor allem ebensolche angebaut.

✳ Die Kartoffel

Weltweit gibt es rund 5000 Kartoffelsorten und viele davon stammen aus einer Zucht. Zudem werden ständig weitere Sorten entwickelt. In Peru betreut das internationale Kartoffelinstitut die weltweit größte Gendatenbank für Kartoffelsorten. Wie viele Nachtschattengewächse, enthält auch die Kartoffel das Gift Solanin, vor allem an grünen und Keimstellen. Kleine Mengen Solanin sind für Erwachsene unproblematisch. Licht fördert die Ergrünung und somit die Bildung des Solanins, daher sollte man Kartoffeln dunkel, trocken und luftig lagern. Die grünen Stellen sollte man einfach großzügig wegschneiden. In der Knolle stecken viele Kohlenhydrate, Ballaststoffe, Eiweiß, Vitamine (A, B und C) und Mineralstoffe (Kalium und Magnesium).

Kochen Sie die Kartoffel, wenn möglich, mit Schale, sodass beim Kochen weniger des wasserlöslichen Vitamin C verloren geht. Kartoffeln sind echte Energiepakete und halten schlank. 100 Gramm Kartoffeln haben nur ca. 70 kcal und damit ⅓ weniger Kalorien als Nudeln oder Reis.

* Herzhafte Pfanne mit Langustinen

Zutaten für 4 Personen
2 EL Knoblauchbutter (250 g
Butter, drei Knoblauchzehen
und etwas Petersilie)
1 kg Langustinen (oder Kaisergranat)
Brühe
Kräutersträußchen (Thymian,
Rosmarin, Oregano)

600 g Kartoffeln der Sorte »Charlotte«
150 g Schinkenspeckwürfel
Olivenöl
eine Messerspitze Thymian
6 cl Cognac
Fleur de Sel
Pfeffer

1. Aus den genannten Zutaten eine
Knoblauchbutter zubereiten und
kühl stellen.

2. Die Langustinen in einer Brühe
mit einem Kräutersträußchen und
grobem Salz vorkochen.

3. Die Kartoffeln in der Langustinen-
Brühe vorkochen (so bekommen
sie ein schönes Fischaroma). *
Schinkenspeckwürfel, Kartoffeln
und Langustinen mit dem
Olivenöl und dem Thymian
in der Pfanne fertiggaren.

4. Die Knoblauchbutter
hinzugeben, dann mit
Cognac flambieren, der
zuvor mit Fleur de Sel und
Pfeffer gewürzt wurde. *
Sofort servieren.

Mit der Rührmaschine
geschlagen, wird die
Butter lockerer.

Vorsicht bei der Garzeit
der Kartoffeln: Neue
Kartoffeln sind immer
sehr schnell gar.

119

Avignon

... wo ich eine
Kochtodsünde
begehe

Jean-Claude Altmayer
Hôtel de La Mirande
4, place de la Mirande
84000 Avignon
Tel. 00 33 4 90 14 20 20
www.la-mirande.fr

Chère Sarah,
Ihre nächste Aufgabe: Salat von
Tauben mit Spargel an Basilikum.
Jean-Claude Altmayer von La Mirande
in Avignon erwartet Sie ungeduldig.
Guten Appetit!

✳ In Avignon wird nicht nur getanzt, sondern auch gegessen

Als Erstes fällt mir das berühmte Kinderlied ein: Sur le Pont d'Avigon, on y danse, on y danse. Ich bin begeistert, denn Avignon wollte ich immer schon einmal sehen, nachdem ich so oft darüber gesungen habe.

Avignon liegt in Südfrankreich, am östlichen Ufer der Rhône, und ist eine sehr beliebte Touristenstadt. Die Stadt ist nicht nur sehenswert wegen ihrer historischen Sehenswürdigkeiten, sondern auch wegen des größten Theaterfestivals der Welt, das hier jeden Sommer in den engen Gassen stattfindet. Die Küche der Region ist provenzalisch und daher sehr vielfältig in der

Verwendung von Gemüse, Fleisch, Fisch und vor allem starken Aromen wie Knoblauch, Zwiebeln und Kräutern (Lorbeer, Thymian, Basilikum, Rosmarin). Olivenöl darf natürlich auch nicht fehlen. Außerdem ist hier der Côte du Rhône zu Hause mit seinen »grands crus« wie Lirac, Chateauneuf du Pape, Gigondas, Vacqueyras und Tavel.

In den Mauern der Stadt residierten einst Päpste. Direkt neben dem wunderschönen und imposanten Papstpalast liegt das Hotel La Mirande, eines der ersten Häuser am Platz. Auf der kurzen Liste der besten kleinsten Hotels der Welt steht es weit oben. Die Inneneinrichtung ist fantastisch – erlesen und luxuriös. Hier werde ich heute bestimmt wie eine Prinzessin schlafen.

✳ Koch aus Leidenschaft

Schon mit fünf Jahren wollte Jean-Claude Koch werden, ging dann aber zunächst andere Wege. Doch die Liebe zum Kochen ließ ihn nicht los und so fand er doch noch seinen Weg an den Herd – als Autodidakt. Heute zelebriert er im Kellergewölbe des La Mirande Abende für Feinschmecker aus aller Herren Länder. Jean-Claude sieht nicht nur lustig aus, er hat tatsächlich immer einen Witz auf den Lippen und erinnert mich stark an Louis de Funès. Jetzt erfahre ich auch, dass mein Kinderlied ursprünglich wohl gar nicht für Kinderohren bestimmt war. Statt »sur le pont« hieß es früher »sous le pont« und dort lag das Rotlichtviertel, in dem so eifrig getanzt wurde.

Jean-Claude kocht noch auf einem 120 Jahre alten Holzofen, den er liebevoll »Vieille Dame« – alte Dame nennt. Das Rezept »Salat von Tauben mit Spargel an Basilikum« hat er extra für mich aus Produkten der Region kreiert und nennt es »La recette de Sarah Wiener«! Und damit trifft er voll ins Schwarze, denn ich liebe Spargel und Basilikum. Nur die zarte, saftige Taube ist ein wenig zu klein geraten … aber auch die fallen nicht vom Himmel, und so muss ich mich auf Taubenjagd begeben.

✳ Tauben nur für Feinschmecker

25 Kilometer nördlich von Avignon finde ich den Hof von Didier Célerun. Er ist Herr über mehr als 80 Volieren und Hunderte von Tauben – nicht um Briefe zu tragen, sondern um die Feinschmecker in den Restaurants der Gegend zu erfreuen. Die meisten sehen allerdings aus wie meine Straßentauben in Berlin. Belustigt klärt Didier mich auf: Hier werden vor allem Silver King und California King gezüchtet – selektierte, gekreuzte Tauben mit besonders großem Brustumfang.

Das, was sich die meisten Frauen wünschen, scherze ich. Die Männer übrigens auch, versichert mir Didier. Doch dann wird's ernst und ich muss mir wieder einmal mein Essen selber fangen

Le Colombier du Comtat
Didier Célerun
Route d'Orange
84260 Sarrians
Tel. 00 33 4 90 65 56 23

– eine Aufgabe, an die ich mich einfach nicht gewöhnen kann. Die besorgten Taubenmütter verteidigen ihre Jungen und schlagen mit den Flügeln nach meiner Hand. »Wahrscheinlich habe ich noch mehr Angst als sie«, sage ich zu Didier. Didier zeigt mir den Elektronarkoseapparat. Hier wird die Taube erst durch einen Stromschlag betäubt, dann erstickt. Sie stirbt, versichert er mir, ohne etwas zu merken. Es sei wichtig, die Tiere nicht leiden zu lassen. Dem kann ich nur zustimmen. In unserer Gesellschaft sieht man den Tod nicht mehr, nicht den der Eltern, der Großeltern und erst recht nicht den Tod der Tiere, deren Fleisch man isst. Wenn man Fleisch ist, muss man sich auch mit dem Tod befassen. So ist es, stimmt Didier mir zu.

✳ Spargel

Weißer Spargel wächst ohne Sonne in der Erde, violetter Spargel steckt seinen Kopf aus der Erde und nur der grüne Spargel bekommt viel Sonne ab, weil er über der Erde wächst.

In Deutschland gibt es viele Anbaugebiete für Spargel, hier findet man vor allem weißen Beelitzer, Nienburger, Schrobenhausner, Walbecker und Schwetzinger Spargel.

Da ich in Berlin wohne, kaufe ich natürlich lokalen Spargel, den leckeren Beelitzer Spargel, der südlich der Hauptstadt angebaut wird. Beim Kauf sollten Sie zuerst auf die Schnittfläche des Spargels achten, denn hier zeigt sich, wie frisch der Spargel ist: Bei leichtem Druck sollte Spargelflüssigkeit austreten. (Vorsicht: Manche Händler wässern den Spargel nach!). Außerdem sollten die Spitzen noch fest geschlossen sein.

＊ Spargel schmeckt auch gebraten gut

Jean-Claude gart den Spargel nur mit Fleur de Sel und Zitrone, ich hingegen gebe immer noch eine Prise Zucker mit ins Kochwasser, damit er nicht bitter schmeckt. Dann lädt Jean-Claude mich zur Weinprobe ein. Ein Fehler! Ein Koch sollte niemals aus der Küche gehen, wenn er etwas auf dem Herd hat, und die Strafe folgt auf dem Fuße. Der Spargel ist zu weich. Die Tauben sind auf den Punkt und die Jury trudelt bereits ein. Ich gerate in Panik. Was tun? Kurzentschlossen greife ich auf die Notration Spargel zurück und werfe ihn mit ein wenig Olivenöl in die Pfanne. Gebratener Spargel, ob das durchgeht? Tatsächlich wird er erst sehr misstrauisch von der Jury beäugt, doch dann schmeckt es allen hervorragend. »Ça change«, ist das allgemeine Urteil! Mal was anderes.

* Tauben mit Spargel und Basilikum

Zutaten für 4 Personen
2 Tauben von je ca. 580 g
1 Stangensellerie
2 Schalotten
½ Knolle Knoblauch, zerdrückt
1 EL Honig
1 Prise Curry
24 dicke weiße Spargelstangen
(6 pro Person)

1 Bund Basilikum (kleinblättrig)
8 Spinatblätter
Saft von ½ Zitrone
20 cl Olivenöl
Salz und Pfeffer
1 EL Wasser

1. Für die Tauben den Sellerie, die Schalotten und den zerdrückten Knoblauch in Olivenöl anschwitzen. * Die Tauben darauflegen, mit Honig bestreichen und mit Curry bestreuen. * Im Ofen bei 180 °C 40 Minuten garen.

2. Den Spargel in Salzwasser 15 Minuten kochen.

3. Für die Basilikumvinaigrette das Basilikum und die Spinatblätter mit Zitronensaft, Olivenöl, Salz, Pfeffer und 1 EL Wasser im Mixer zerkleinern.

4. Auf jedem Teller 6 Spargelstangen und ½ Taube anrichten. * Mit Basilikumvinaigrette überziehen.

 Das Fleisch während des Garens immer mit Bratensaft übergießen. So wird es schön zart und bleibt saftig.

Taubenzüchtungen sind auch in Deutschland zu finden. Wenn man aber keine Tauben bekommt, kann man auch Wachteln oder andere kleine Geflügel benutzen … auch wenn das Gericht natürlich dann anders schmeckt.

Saint-Savin

... wo ein Schwein namens Sarah lebt

Hôtel Restaurant Le Viscos
1, rue Lamarque
65400 Saint-Savin
Tel. 00 33 5 62 97 02 28
www.hotel-leviscos.com

Chère Sarah,
Rendez-vous in Saint-Savin! Jean-Pierre
Saint-Martin serviert Ihnen in seinem
Restaurant Le Viscos Karree vom Bigorre
mit eingelegten Trébons-Zwiebeln.
Viel Spaß!

Was sich wohl für ein Tier hinter dem wohlklingenden Namen Bigorre versteckt?

✳ Ein Paradies für Schweine

Die Küche der Midi-Pyrénées ist eine typische Mittelmeerküche mit viel Olivenöl, Knoblauch und Kräutern. Im Süden der Region merkt man bereits die spanischen Einflüsse. Die Gegend ist berühmt für ihre Schaf- und Lämmerzucht. Lämmer aus Quercy sind vielen Feinschmeckern auf der ganzen Welt ein Begriff. Auch der Roquefort, der weltweit bekannteste Käse Frankreichs, wird aus Schafsmilch hergestellt. Der berühmte Blauschimmelkäse reift in den Höhlen in der Umgebung des französischen Dorfes

Roquefort-sur-Soulzon und erhält dort seinen typischen Geschmack. Auch der Rocamadour (ein Ziegenkäse) oder der Tomme de chèvre des Pyrénées (ebenfalls aus Ziegenmilch) stammen aus der Region Midi-Pyrénées.

Zu den Spezialitäten der Midi-Pyrénées zählen so deftige Speisen wie Garbure, eine Suppe mit Kohl und Gänseconfit, Estofinado, ein Püree aus Stockfisch und Kartoffeln mit Knoblauch, und das köstliche Aligot, ein Püree aus Tomme-Käse, Sahne und Knoblauch.

Die grünen Wiesen der französischen Pyrenäen sind ein Paradies für Schweine – zumindest bis der Schlachter zuschlägt. Hier auf den Weiden und in den Wäldern ist das schwarze Bigorre-Schwein zu Hause und schlemmt Köstlichkeiten wie Getreide, Eicheln, Kastanien und sogar Oliven. Die Bigorre-Schweine werden noch wie im Mittelalter halb wild gehalten und erst spät, das heißt im Alter von zwölf Monaten, geschlachtet. Diese langsame und sorgfältige Aufzucht wirkt sich nicht nur auf das Wohlbefinden der Schweine, sondern auch auf die Qualität des Fleisches aus, das sehr fein marmoriert und tiefrot ist und ebenso fein schmeckt.

Das kleine Dörfchen Saint-Savin liegt am Fuß der Pyrenäen. Direkt am Marktplatz hinter dem Brunnen finde ich das Restaurant von Jean-Pierre Saint-Martin, Le Viscos, das einen guten Ruf, weit über die Grenzen der Pyrenäen hinaus, genießt. Selbst Michael und Kirk Douglas haben hier schon gespeist. Das Geheimnis seines Erfolgs sind die ursprünglichen Produkte, mit denen er arbeitet. Ohne die sei ein Koch nichts, sagt er. Und er sagt voraus, dass in Zukunft allein das Produkt der Star sei und die besondere Fähigkeit

des Kochs darin liegen werde, für jeden Bereich der Kochkunst beispielhafte Produkte zu finden.

✳ Das Kochen und die Liebe

Als ich ankomme, erwartet mich Jean-Pierre bereits auf seiner Terrasse mit fantastischem Blick auf die Berge. Er ist ein Koch aus Leidenschaft und ein Genießer obendrein und so sieht er aus. Von ihm erfahre ich auch endlich, dass das Karree, das ich heute zubereiten darf, vom berühmten Bigorre-Schwein stammt. Das darf ich auch gleich probieren, serviert mit einem köstlichen Zwiebelkompott. Das Gericht ist bodenständig, aber auf höchstem Niveau zubereitet.

Die Tatsache, dass ich das Gericht sofort fotografiere, amüsiert Jean-Martin. »Sie machen es ja wie die Japaner.« Und er hat eine hübsche Weisheit für mich: »Das Kochen ist eine universelle Sprache. Davon gibt es zwei: das Kochen und die Liebe.« Darauf stoßen wir an.

✳ Ab in die Felder

Weit außerhalb von Saint-Savin warten die berühmten Trébons-Zwiebeln auf mich, auf den Feldern von Michel Lannes. Er klärt mich darüber auf, dass die Ernte erst im Juni beginnt und ich ein bisschen früh für frische Zwiebeln dran bin. Aber die Triebe, die an den Pflanzen sitzen, die im letzten Jahr nicht geerntet wurden, die kann ich bekommen. Der Geschmack sei derselbe.

* Zwiebeln

Trébons-Zwiebeln gelten als die süßesten Zwiebeln der Welt.
Benannt nach einem Ort in den Pyrenäen, wachsen sie auch
nur dort, in den Bergen in 350 bis 400 Metern Höhe, und können
bis zu 1 kg schwer werden. Beim Kauf sollten die Zwiebeln trocken
und fest sein und keine grünen Spitzen haben. Angefaulte Zwiebeln sollten
sofort aussortiert werden, weil sich sonst die anderen sehr leicht »anstecken«.
Übrigens: Nach dem Verzehr roher Zwiebeln lässt sich der schlechte Atem
einfach beseitigen, indem man ein paar Blätter frischer Petersilie kaut.

* Schweine sind sehr reinlich

Beim Schweinezüchter Denis
Arberet wartet ein schöne Aufgabe
auf mich: Wir machen den Stall
sauber, in dem eine Sau mit ihren
Ferkeln logiert. An dieser Stelle
muss ich mit einem alten Vorurteil
über Schweine aufräumen:
Schweine sind nicht dreckig,
sondern sehr sauber! Sie machen
immer in dieselbe Ecke. Mir
zu Ehren tauft Denis eines der
Kleinen Sarah, nicht bevor er
unsicher fragte, ob ich etwas
dagegen hätte. Selbstverständlich
nicht! Es ist mir eine Ehre.

Zwei bis drei Würfe hat die
Zuchtsau im Jahr, zehn Ferkel ungefähr
pro Wurf. Und jedes Ferkel hat seine eigene
Zitze ... was sie aber nicht davon abhält,
sich zu zanken, wie ich feststellen muss.
Das Fell der Schweine ist tatsächlich dunkelbraun bis schwarz. Das Bigorre-Schwein
trägt seinen Beinamen schwarzes Schwein

Traditions des Baronnies
Denis und Marie-Claude Arberet
Route de Castillon
65130 Bonnemazon
Tel. 00 33 5 62 39 13 79

also völlig zu Recht. Draußen dürfen sich die Tiere frei bewegen, das sorgt
nicht nur für gute Laune, sondern auch für gutes Fleisch. Züchtern wie
Denis ist es zu verdanken, dass wir das leckere Fleisch des Bigorre-Schweins

heute, in Zeiten der industriellen Blitzmast, noch genießen können. Die Haltung der Tiere im Freien ist aufwändig und teuer. Maximal 25 Schweine tummeln sich pro Hektar, und jeder Halter kümmert sich um nicht mehr als 450 Exemplare.

✳ Mit Ruhe genießen

Im Le Viscos wird in aller Ruhe gegessen; der Hausherr ist Anhänger der Slow-Food-Bewegung. Auch die Jury genießt mein Zwiebelconfit, das ich dieses Mal mit einem Schuss Essig »personalisiert« habe, in der angemessenen Andacht. Die Säure passe gut zum Fett des Fleisches, lobt man mich. Aber am meisten freut mich, dass es nun in den Pyrenäen ein kleines Schweinchen gibt, das Sarah heißt!

✳ Gebratenes Karree vom »Noir de Bigorre«-Schwein mit Zwiebelconfit und glasierten Karotten

Zutaten für 4 Personen
8 Zwiebeln
60 g Butter
2 EL Gebirgshonig (Rhododendron)
1 Flasche Weißwein Pacherenc du Vic-Bilh, lieblich
8 Karotten
3 EL Zucker

4 dl Wasser
1 Schweinskarree (8 Rippen)
5 EL Entenfett
2 schöne ganze Zwiebeln
Thymian, Bohnenkraut
2 Gläser Pacherenc
1 dl Geflügelfond
Salz, Pfeffer aus der Mühle

1. Für das Zwiebelconfit die Zwiebeln in gleichmäßige Scheiben schneiden. ✳ In der Pfanne in Butter leicht bräunen und einkochen, dabei aber nicht braun werden lassen. ✳ Erst den Honig hinzufügen, dann den Pacherenc angießen. ✳ Die Zwiebeln bei schwacher Hitze zum Confit einkochen. ✳ Warm stellen.

Am besten sehr flüssigen und fruchtigen Honig nehmen.

2. Für die glasierten Karotten (möglichst ganze Karotten verwenden) 40 g Butter erhitzen, aber nicht braun werden lassen. ✳ Die Karotten von allen Seiten gut anbraten. ✳ Mit 3 EL Zucker bestreuen und 4 dl Wasser angießen. ✳ Die Pfanne mit Backpapier abdecken. ✳ Bei schwacher Hitze bissfest garen. ✳ Zum Schluss nach Geschmack salzen.

3. Für das Schweinskarree das Karree in einem Bräter in Entenfett von allen Seiten anbraten. ∗ 2 ganze Zwiebeln hinzufügen. ∗ Den Thymian und das Bohnenkraut ebenfalls dazugeben sowie Salz und Pfeffer. ∗ Im Ofen bei 180 °C 45 Minuten lang fertig garen. ∗ Während des Garens das Karree häufig mit Bratensaft begießen. ∗ Nach Ende der Garzeit das Fleisch mit Alufolie bedecken, warm stellen und ziehen lassen.

4. Für die Sauce den Bratensatz falls nötig entfetten. ∗ Mit 2 Gläsern Pacherenc ablöschen. Einkochen lassen. ∗ Zum Schluss den Geflügelfond unterrühren und mit Salz und Pfeffer abschmecken.

5. Auf einer Servierplatte das Karree dekorativ anrichten und mit dem Zwiebelconfit und den Karotten garnieren. ∗ Die Sauce getrennt reichen.

Zwiebeln bei Zimmertemperatur lagern, damit sie in der Kälte des Kühlschranks nicht an Aroma verlieren.

Dijon

... wo man weiß, dass Senf nicht dumm macht

Le Fredline
Christian Quenel
6, rur Bouhier
21000 Dijon
Tel. 00 33 3 80 30 27 56
www.lefredline.fr

Chère Sarah,
Christian Quenel erwartet Sie in seinem Restaurant Le Fredline.
Er serviert Ihnen gebratene Kalbsnieren mit Senf.
Guten Appetit!

Senf? Fantastisch. Seit dem Beginn meiner Reise wünsche ich mir, dass mein Weg mich nach Dijon führt, in die Hauptstadt Burgunds und die Hauptstadt des Senfs.

* Ein Dijonais gibt seinen Senf dazu

Die Küche Burgunds liebt nicht nur Butter und Sahne, sie ist auch kräftig und würzig. Kein Wunder also, dass hier ihr berühmtestes Kind, der Senf, oft zum Einsatz kommt. Der typische Moutarde de Dijon ist scharf und wird häufig zum Würzen und Marinieren von Braten genutzt. In Frankreich wird überall Senf zu Pommes frites gereicht. Neben dem klassischen Dijon-Senf werden in Dijon auch Sorten wie La Moutarde à l'ancienne, die grobkörniger und milder sind, oder La Moutarde à l'estragon (Estragonsenf) hergestellt.

Die engen Straßen und Gassen der Stadt werden von malerischen Fassaden gesäumt. Besiedelt ist Dijon seit 500 vor Christus. Nicht ganz so lange lebt hier die Familie von Christian Quenel. Als guter Burgunder beherrscht er die

Kunst der Zubereitung von Kalbsnierchen aus dem Effeff. Die werden in Deutschland kaum nachgefragt, dürfen aber in Christians Heimat auf keiner Speisekarte fehlen. Er selbst ist ein echter Dijonais: Im Senftopf geboren und dort auch aufgewachsen. Nach langen Wanderjahren durch Frankreich hat es ihn wieder an den heimischen Herd zurückgezogen. Seine Kindheit war von der Küche mit regionalen Erzeugnissen geprägt, deswegen wollte er zurück nach Dijon. Die Nierchen gibt es bei ihm selbstverständlich nur mit Senf.

Ich beichte ihm sofort, dass ich Nierchen nicht so gerne mag. »Wir werden sehen«, sagt er gelassen. Erst einmal serviert er mir meine Aufgabe. Vorsichtig koste ich. Die Sauce ist perfekt. Die Nierchen wahrscheinlich auch, aber da ich keine Erfahrung damit habe, kaue ich zurückhaltend darauf herum und fühle mich hilflos in der Beurteilung des Geschmacks.

✳ Senf als Folklore

Zuerst begebe ich mich auf die Spuren des feinen Geschmacks des Dijon Senfs, und zwar bei Dijon Cereales, wo mich Catherine Maire mit der Grundlage allen Senfs bekannt machen will: den Senfsamen. Treffpunkt ist bei den Feldern. Mit Madame Maire schlage ich mich durch die mannshohen Senfpflanzen.

Für die Senfpaste werden nur die Körner aus der Schote genommen. Für die Lebensmittelherstellung nimmt man nur den braunen Senf, auch wenn es andere Sorten wie zum Beispiel den weißen gibt. Die Senfsamen werden maschinell von den Hülsen getrennt und in Silos gelagert.

Aber nur selten wird Senf aus dem Burgund zu den Silos gebracht, denn Senfanbau ist in Frankreich eher Folklore als ein Wirtschaftsfaktor. Meistens kommt der Senf aus Kanada, wo man ihn nicht wie hier auf ein paar Hektar, sondern auf vielen Quadratkilometern anbaut.

Früher gab es in der Stadt über 40 Senfmühlen und im 13. Jahrhundert hatte die Stadt sogar das Monopol auf die Senfherstellung. Heute gibt es nur noch vier Mühlen in der Region.

Edmont Fallot Senf
Mr. Desarmenien
31, rue Faubourg
Bretonnière
21200 Beaune
Tel. 00 33 3 80 22 10 02

La Moutarderie Fallot ist seit 1840 in Familienbesitz. Dort bin ich mit dem Senfmeister verabredet. Mit Kittelchen und Käppchen für die Hygiene besehe ich mir die braunen Senfkörner, die mit Wasser, Essig und Salz in eine Steinmühle gepumpt werden. Dann werden sie schonend gemahlen, sodass die ätherischen Öle erhalten bleiben. Das Ergebnis ist eine körnige Paste, aber noch kein Dijon-Senf. Dazu muss die Paste durch ein sehr feines Sieb geschleudert und in Fässern gelagert werden, wo chemische Reaktionen stattfinden, die jedem Senf seinen besonderen Charakter geben. Wie lang er lagert, ist ein Geheimnis. Senf darf sich auch Dijon-Senf nennen, wenn er nicht in Dijon hergestellt wurde. Hauptsache, er wird aus braunen Körnern gemacht und wird fein gesiebt.

Und zum Abschluss gibt's noch ein wenig Bildung mit auf den Weg: Senf macht, entgegen anderslautender volksmündlicher Überzeugung, nicht dumm.

✳ Nieren

Kalbsnieren sind hellrot-bräunlich und haben viele nussgroße Kammern. Sie sind von einem Fettpanzer umgeben, der meist schon vom Metzger abgelöst wird. Gute Kalbsnieren müssen schön fest und fleischig sein und glänzen und dürfen nicht nach Ammoniak riechen.

Nieren sind reich an Proteinen und Vitamin B sowie an Eisen, Phosphor und Zink. Sie enthalten wenig Fett … aber leider reichlich Cholesterin.

Richtig traue ich der Niere immer noch nicht und lege sie lieber in Milch ein, um den strengen Geschmack etwas zu mildern. Christian bezweifelt den Sinn der Sache. Als wir später probieren, schmeckt er tatsächlich keinen Unterschied. Damit hat sich die Sache mit der Milch für die Zukunft wohl erledigt.

✳ Gebratene Kalbsnierchen mit Senf

Zutaten für 6 Personen
4 Kalbsnierchen
5 cl Öl
4 Schalotten
50 g Butter
40 cl Weißwein
1 EL Kalbsfond
1 dl Sahne

50 g grobkörniger Dijon-Senf
(»à l'ancienne«)
100 g Dijon-Senf
weiße Zwiebeln
1 Bund Möhren
grüne Bohnen
weiße Rübchen
Salz, Pfeffer
1 Glas Portwein

 So viel Senf in die Sauce geben, wie es einem gefällt. Und so viel man aushält!

1. Zunächst das Fett von den Kalbsnierchen entfernen, sie in Stücke schneiden und zur Seite stellen.

2. Für die Sauce drei Schalotten fein hacken und in 25 g Butter andünsten. ✳ Mit dem Weißwein ablöschen, einen guten Esslöffel Kalbsfond hinzugeben und die Sahne hinzufügen. ✳ Alles zum Kochen bringen und die beiden Senfsorten hinzufügen.

3. Für die Beilagen weiße Zwiebeln, ein Bund Möhren, grüne Bohnen und weiße Rübchen waschen und putzen. ✳ Zwiebeln, Möhren und Rübchen mit etwas Butter, Wasser, Salz und Pfeffer zugedeckt fünf Minuten lang kochen. ✳ Die grünen Bohnen getrennt dämpfen.

4. Für die Nierchen etwas Öl und 25 g Butter in eine heiße Pfanne geben und darin die Nierchen anbraten. ✳ Nicht zu lang, sonst werden sie zu Gummi! ✳ Mit Salz und Pfeffer würzen und eine fein gehackte Schalotte hinzufügen. ✳ Die Nierchen wenden und mit Portwein ablöschen.

5. Das Fleisch mit Sauce und Gemüse auf einem Teller anrichten.

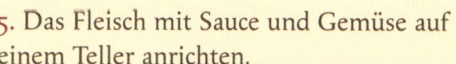

Crouttes

... wo das normannische Loch auf mich wartet

Chère Sarah,
Brigitte Guidez serviert Ihnen ein normannisches
Menü in ihrer Ferme Auberge du Haut de Crouttes
in Crouttes. Bereiten Sie dieses Menü für eine erfahrene
Jury zu und organisieren Sie ein trou normand.
Santé!

Was ist ein trou normand?, frage ich den Kellner des Cafés, in dem ich den Umschlag für meine neue Mission geöffnet habe. »Ein Loch«, bekomme ich zur Antwort. Und weiter, auf meinen skeptischen Blick hin: »In der Normandie.«

Ferme Auberge du Haut de Crouttes
Brigitte Guidez
Le Haut de Crouttes
61120 Crouttes
Tel. 00 33 2 33 35 25 27

* Die Normandie hat ein Loch

Was auch immer dieses geheimnisvolle Loch auch sein mag, angeblich soll ich es in Crouttes finden, im Herzen der Normandie, dem Land der Milchkühe und Apfelbäume, der Heimat von Camembert und Calvados. Zu den wichtigsten Zutaten der normannischen Küche gehören die berühmte Butter, die frische Milch, die dickflüssige Crème fraîche und vielerlei Käse, wie der weiche Camembert, der nach der gleichnamigen kleinen Stadt benannt wurde. Unzählige Apfelbäume liefern aromavolle Früchte für die regionale Küche und vor allem für den Calvados. Mit dem großartigen Apfelschnaps werden viele Gerichte der Region flambiert.

* Keine Küche für die schlanke Linie

Crouttes ist ein kleines Dorf mit 300 Einwohnern. Die Herberge von Brigitte Guidez finde ich am Rande. Aufgewachsen auf einem Bauernhof, heiratete sie früh und bekam drei Kinder. Mit ihrem Mann betrieb sie einen Blumenladen, bevor sie sich ganz ihrer Leidenschaft, der normannischen Küche, hingab. Für ihre Quiche nimmt sie nur die gute, dickflüssige heimische Crème fraîche.

Ein normannisches Menü muss sehr kalorienreich sein, klärt sie mich auf. Schon der erste Gang des normannischen Menüs bringt Diätberater zur Verzweiflung: Quiche mit Livarot-Käse. Danach Hähnchen, natürlich mit Sahne- und Camembertsauce, dann ... was wohl ... Käse und zum Abschluss Crêpes mit Calvados flambiert. Und zwischendurch ein Gläschen, das wieder Platz im Magen schaffen soll, ein kleines Loch zumindest, ein trou normand! Aha, der Calvados!

* ... ein Loch, über das man singen kann ...

Als Erstes will ich nicht nur erfahren, wie man Calvados trinkt, sondern auch, wie man ihn macht, und zwar von der Familie Olivier, die auf 40 Hektar Land Äpfel anbaut. Mittendrin liegt die Destille.

Monsieur Olivier zeigt mir riesige Fässer, in denen nicht, wie ich zuerst annehme, Calvados lagert, sondern Cidre. Der wurde hier im letzten Jahr

Distillerie de Calvados
GAEC de la Galotière
Jean-Luc Olivier
und Pascal Choisnard
La Galotière
61120 Crouttes
Tel. 00 33 2 33 39 05 98

zum Gären gelegt, jetzt ist der Prozess abgeschlossen und er kann destilliert werden. Calvados ist, lerne ich, kein Apfel-, sondern ein Cidreschnaps. Der Cidre wird im Brennkessel erhitzt und zum Sieden gebracht. Weil Alkohol leichter ist als Wasser, verdampft er bei geringerer Temperatur. Der Alkoholdampf steigt über ein Rohr in den Kühlkessel und fließt dort ab. Der ganze Vorgang dauert nur eine Viertelstunde und schon können wir einen »frischen« Calvados genießen. Calvados wird zweimal gebrannt, einmal getrunken … und wirkt sofort. Monsieur Olivier kann mir, nach dem trou normand gefragt, die Melodie beibringen. Sollte es sich etwa doch um ein Lied handeln?

* … und zu dessen Ehren es eine Bruderschaft gibt

Während des Kochens übe ich den Text für mein Lied, das ich heute Abend singen muss, um vor der Jury zu bestehen, der Bruderschaft des trou normand.

Ami, lève ton verre	*Freund, hebe dein Glas*
Car voici le moment	*Es ist Zeit*
D'un trait et sans manières	*In einem Zug und ohne Umstände*
De faire le trou normand.	*Ein normannisches Loch zu schaffen.*
Calvados, pure eau-de-vie	*Calvados, reinstes Lebenswasser*
Tu nous aides à digérer	*Du hilft uns zu verdauen*
Et dans notre Confrérie	*Und in unserer Bruderschaft*
Tu es l'âme des chevaliers	*Bist du die Seele der Ritter*

Darüber hätte ich fast das Wichtigste vergessen, den Livarot. Die Bruderschaft erscheint in vollem Ornat und mit Orden geschmückt, der Präsident trägt ihr Wahrzeichen, eine kleine Destille. Wenn mir der trou normand gelingt, werde ich in die Bruderschaft aufgenommen.

Beim Dessert warnt mich Brigitte, nicht zu viel Calvados anzugießen, »sonst können Sie uns keine Noten mehr geben«. Und alle scheinen vollkommen nüchtern, als ich beginne, mein Ständchen vorzutragen. Dann fallen sie mit ein und wir heben das Glas: »Auf den trou normand!«. Und ich werde zur Ritterin geschlagen.

✳ Quiche mit Livarot

Zutaten für eine Quiche
von ca. 26 cm Durchmesser
125 g Mehl
3 Eier
½ l Milch

3 große EL Crème fraîche
aus der Normandie
1 Tasse ungeräucherte Speckwürfel
1 junger Livarot-Käse
1 Handvoll ger. Emmentaler

1. Mehl, Eier, Crème fraîche und Milch gut zusammen verrühren und in eine präparierte Form (Butter + Mehl) geben.

2. Speck in einer Pfanne zerlassen und dazutun.

3. Kruste vom Livarot entfernen und den Käse in dünnen Scheiben auf der Form verteilen. ✳ Emmentaler darüberstreuen.

4. Bei 200 °C ca. 45 Minuten backen.

Der Livarot kann ruhig ein bisschen älter sein. Das gibt einen würzigen Geschmack.

* Poulet Marie Harel

Zutaten für 4 Personen
1 Hähnchen
100 ml Cidre
100 g Crème fraîche
1 Camembert

½ l Bratensaft vom Huhn (wenn das Hähnchen wenig Saft gegeben hat, dann Geflügelfond nehmen)

1. Das Hähnchen 1 ¼ Std. im Ofen bei 180 °C ungewürzt braten.

2. Den Cidre erhitzen. * Die Crème fraîche dazugeben. * Den Camembert (mit oder ohne Kruste, je nach Geschmack) in kleinen Stücken dazugeben. * Am Schluss mit Bratensaft (oder Geflügelfond) abschmecken. * Das zerlegte Hähnchen in der Sauce servieren.

 Wer mag, kann die Rinde vom Camembert dranlassen. Zum Hühnchen reicht man in Enten- oder Gänsefett gebratene Kartoffelhälften.

* Crêpes au Calvados

Zutaten für 6 Personen
Für den Teig
6 Eier
500 g Mehl
1 l Milch
75 g Zucker
2 Suppenlöffel Öl
1 Prise Salz

Für die Füllung
3–4 Äpfel
100 g Zucker
50 g Butter
2 EL Calvados

1. Eier nach und nach mit Mehl vermengen, bis keine Klümpchen mehr vorhanden sind. * Nach und nach Milch dazugeben. * Zucker, Öl und Salz am Schluss hinzugeben.

2. Eine Pfanne stark erhitzen und mit Hilfe eines alten Tuches einfetten. * Crêpes-Teig hauchdünn aufgießen und von beiden Seiten backen. * Warm stellen.

3. Die Äpfel schälen, entkernen, in Scheiben schneiden und in der Pfanne mit Butter und Zucker karamellisieren. * In die Crêpes füllen. * Den Calvados erwärmen, aufgießen und flambieren.

 Damit das Flambieren gelingt, sollten Speise und Alkohol warm genug sein. Den Alkohol schnell über die warme Speise gießen und sofort anzünden.

Laguiole

... wo ich lerne, wie man Käsefäden zieht

Auberge du Combaïre
Le Combaire
12210 Laguiole
Tel. 00 33 5 65 44 33 26
www.monsite.wanadoo.fr/
aubergeducombaire

Chère Sarah,
Miriam erwartet Sie in ihrer
Auberge du Combaïre in
Laguiole. Sie serviert eine
lokale Spezialität: Aligot und
Carpaccio aus dem Aubrac.
Gute Reise!

Laguiole, das ist doch die Stadt, wo das berühmte handgeschmiedete Messer mit dem Horngriff herkommt. Aber Aligot? Nie gehört!

✳ Die allerschönste Landschaft

Laguiole liegt im Departement Aveyron, im Süden Frankreichs. Aubrac ist ein Hochplateau, 1000 Meter über dem Meeresspiegel. Sanfte Hügel, saftige Wiesen empfangen mich und meinen kleinen Käfer. Und jede Menge freundlich dreinschauender Rinder.

Das Aubrac-Rind ist weltberühmt, ebenso wie der Laguiole-Käse. Von Januar bis April ist die beste Zeit, diesen Käse aus roher Kuhmilch zu genießen. Als Erkennungszeichen wird jedem Käse ein Stier und das Wort Laguiole in die Rinde geprägt.

Das Restaurant du Combaïre finde ich 3 Kilometer außerhalb von Laguiole, inmitten saftiger Wiesen und lauschiger Wäldchen. Ich habe ja schon viele »schönste« Landschaften in Frankreich gesehen, aber dieses Mal bin ich überzeugt, die allerschönste gefunden zu haben!

✳ Ein gutes Aligot muss Fäden ziehen

Das Hotel-Restaurant liegt wunderbar versteckt und direkt an einem kleinen Bach. Miriam de Swarte kocht hier nur in den Sommermonaten. Eigentlich ist sie Musiklehrerin, doch jedes Jahr, wenn die Temperaturen wieder steigen, zieht es sie zurück an den Herd. Aufgewachsen mit biologischen Produkten, hat sie sich den Klassikern der Region verschrieben, darunter das Aligot, ein reichhaltiges Gericht aus Käse, Kartoffelpüree, Crème fraîche und Butter. Ein gutes Aligot, erfahre ich, muss so lange gerührt werden, bis

Kartoffeln und Käse eine wirklich gute Einheit bilden … und lange Fäden ziehen. Ohne Fäden kein Aligot. Die ganze Magie des Aligot, sagt Miriam, liegt in diesen Käsefäden. Wenn man es bis zur Decke ziehen kann, ist es perfekt. Auch auf das Carpaccio – natürlich vom Aubrac-Rind – gehört Käse. Und nicht zu vergessen das Walnussöl aus der Region.

✳ Cuvée Sarah Wiener

In der Nussöl-Mühle von Geneviève Mejane kaufe ich nicht nur das aromatische Walnussöl, sondern lasse mir auch zeigen, wie das einzigartige Aroma ins Öl kommt. Die großen Kerne – die Samen – der Walnüsse werden ein bis zwei Monate getrocknet, erst danach können sie weiterverarbeitet werden. Um aus ihnen Öl zu gewinnen, zerquetscht man die Samen mit einem großen Mühlstein. Genevièves Mühlrad ist komplett aus Stein und sehr alt. Wenn die Samen zu grobem Pulver zermahlen sind, folgt Schritt zwei:

Das Mehl wird mit ein bisschen Wasser etwas erhitzt. Die Wärme macht das Mehl noch nussiger im Geschmack und ergiebiger beim Pressen.

Der köstliche Walnussgeruch steigt mir in die Nase, als ich den Brei in Tücher einschlage. Erst jetzt werden die Nüsse gepresst. Dann koste ich mein erstes L'huile de Noix de Sarah Wiener.

✳ Walnussöl

Walnussöl ist ein sehr wertvolles und gesundes Öl. Es ist reich an Vitamin E und Omega-3-Fettsäuren. Und es stärkt das Immunsystem. Walnussöl sollte nicht erhitzt werden und eignet sich perfekt als delikates Salatdressing.

Das Öl wird schnell ranzig und muss an einem frischen und dunklen Ort aufbewahrt werden, dann ist es ca. neun Monate haltbar. Mein Tipp: Wenn das Flaschenglas nicht dunkel genug ist, wickeln sie es einfach in Alufolie ein.

✳ Morgenstund hat Gold im Mund – zumindest für Rinder

Die robusten Aubrac-Rinder sind Frühaufsteher ... also muss ich es ihnen gleichtun, wenn ich erfahren will, wie aus ihrer Milch, die nach den Gräsern und Blumen des Aubrac schmeckt, Käse gemacht wird: der Frischkäse Tome fraîche und der Hartkäse Laguiole. Käsemeister Francois Renaud erwartet mich. Die Milch wird erhitzt und mit Enzymen aus Kälbermägen versetzt, so dickt sie ein, ohne dass sie sauer wird. Die Masse wird gepresst und in Blöcke geschnitten,

Minoterie de la Molenerie
Geneviève Mejane
La Molenerie
12140 Espeyrac
Tel. 00 33 5 65 69 88 80

die wiederum gepresst werden, dann gewendet und wieder geschnitten und gepresst. Acht Mal wiederholt sich der Vorgang in 40 Minuten. Ganz zum Schluss kommt der Käse 24 Stunden in die Reifekammer, dann kann man ihn verzehren. Beim Kauf von Tome fraîche sollte man darauf achten, dass er nicht älter ist als drei Tage.

 Klassisch wird Carpaccio aus hauchdünnen Scheiben vom Rindfleischfilet zubereitet. Am feinsten lässt sich das Fleisch schneiden, wenn es leicht angefroren ist.

* Biene und Kreuz

Ein echtes Laguiole-Messer ist ein Klappmesser. Man erkennt es unter anderem an der stilisierten Biene auf dem Griffvorsprung und dem Kreuz auf dem Griff. Früher wurde der Griff aus dem Horn der Aubrac-Rinder gemacht, heute kommt das Horn aus Afrika. Seit über 200 Jahren werden in Laguiole Messer hergestellt; in Glanzzeiten gab es in der Stadt sechs Messerschmiede, heute nur noch zwei. Ich habe das Glück, ein persönliches Messer herstellen zu dürfen ... ein schönes Geschenk für Artur, meinen Sohn.

Forge de Laguiole
André Bras
Boîte Postale 9
Route de l'Aubrac
12210 Laguiole
Tel. 00 33 5 65 48 43 34
www.forge-de-laguiole.com

∗ Rühren, rühren, rühren

Das Carpaccio ist schnell angerichtet, doch Käse und Kartoffelbrei wollen einfach nicht zusammenkommen! Ich muss rühren, rühren und rühren. Die Fäden wollen sich einfach nicht ziehen lassen. Ça vient … tröstet mich Miriam. Nur Geduld! Endlich wird die Masse homogen! Und ich kann Fäden ziehen! Das liegt allein am guten Käse, bemerkt Miriam.

∗ Carpaccio von Aubrac-Rindfleisch

Zutaten für 4 Personen
Walnussöl
8 EL Zitronen
2 EL Sherryessig
Salz, Pfeffer
600 g in hauchdünne Scheiben geschnittenes Aubrac-Rindfleisch

1 Sellerieherz
2 kleine, frische Zwiebeln
ca. 1 Dutzend Walnüsse
Viergewürz (Pfeffer, Muskatnuss, Zimt, Nelken)
reifer Laguiole-Käse

1. Aus 8 EL Walnussöl, Zitronensaft, Essig, Salz und Pfeffer eine Vinaigrette zubereiten.

2. Eine große Platte mit dieser Vinaigrette bestreichen und die Carpaccio-Scheiben so darauflegen, dass sie einander nicht überlappen. ∗ Mit Vinaigrette bedecken und im Kühlschrank ca. 45 Minuten ziehen lassen.

3. Für die Füllung das Sellerieherz, die Zwiebeln und die Hälfte der Walnüsse im Blitzhacker zu einer Paste vermischen. ∗ Eine Prise Viergewürz, Salz, Pfeffer und zwei EL Walnussöl hinzufügen.

4. Die Fleischscheiben und die Füllung abwechselnd in 3 bis 4 Lagen übereinanderschichten.
* Zum Schluss mit fein gehackten Walnüssen und gehobeltem Laguiole-Käse bestreuen und mit Olivenöl beträufeln.

Einen Vorrat an Viergewürz können Sie ganz einfach selber aus 4 EL gemahlenem Pfeffer, 1 EL geriebener Muskatnuss, ½ EL Zimtpulver, ½ EL Nelkenpulver herstellen und dann immer wieder verwenden.

* Aligot

Zutaten für 4 Personen
1 kg Kartoffeln
350 g junger Tome
(aus Laguiole, Aveyron)

1 Knoblauchzehe
100 g Butter
200 g Crème fraîche
Salz, Pfeffer

1. Die Kartoffeln kochen.

2. Den Tome in feine Scheiben schneiden. * Den Knoblauch zerstoßen. * Die Kartoffeln zu Püree stampfen. * Butter und Crème fraîche hinzugeben. * Erwärmen, Salz und Pfeffer hinzufügen.

3. Den Tome und den Knoblauch unter das heiße Püree mischen. * Kräftig rühren, damit eine homogene Mischung entsteht und das Aligot Fäden zieht. * Das Aligot vorsichtig auseinanderziehen, ohne die Konsistenz zu zerstören.

Aligot sollte rasch verzehrt werden, da es sehr schnell erkaltet.

Wenn nicht die Sorte Bintje, sollten Sie in jedem Fall mehlig kochende Kartoffeln nehmen, wie für einen Kartoffelbrei.

Falls Sie keinen Tome fraîche finden, könnten Sie auch sehr jungen Kuhmilchkäse probieren.

Tours

... wo sich noch Aale tummeln

Au Martin Bleu
6, place des Aumônes
37000 Tours
Tel. 00 33 2 47 05 06 99
www.aumartinbleu.com

Chère Sarah,
Florent Martin aus Tours serviert
Ihnen eine Matelote. Er erwartet Sie in
seinem Restaurant Au Martin Bleu.
Machen Sie es gut!

✳ Wo die Loire ruft

Es geht also nach Tours, an die Loire, wo nicht nur guter Wein wächst, sondern auch prächtige Schlösser zu besichtigen sind. Der Schriftsteller Francois Rabelais hat hier, im Val de Loire, gelebt und gearbeitet. Auch René Descartes und Honoré de Balzac kommen aus der traditionsreichen Stadt. Und hier ist heute die Heimat des Restaurants Au Martin Bleu und seines Besitzers Florent Martin.

Geboren als Sohn eines Künstlers, hat es ihn zuerst zur Musik und dann in die Küche gezogen. Er liebt die Loire. Er verbringt seinen Urlaub an der Loire. Und er kocht nur Fisch aus der Loire. Als er das Restaurant eröffnete, gab es in der Region keine Küche, die auf den von Feinschmeckern sehr geschätzten Süßwasserfisch aus der Gegend spezialisiert war.

148

»Nicht weit vom Bahnhof«, hat man mir
gesagt. Tatsächlich liegt das Restaurant von
Florent Martin einen Katzensprung entfernt vom Stadtzentrum. An der Wand
hängen schöne Aquarelle mit Motiven von der Loire. Florent kommt mir
schon entgegen und bietet mir einen großartigen Aperitif an: den Hypocras,
einen gewürzten Rotwein.

✳ Der Aal wird rot

Mir schwant Böses, denn ich habe gehört, dass auch dieses Gericht mich
wieder ein Kilo zunehmen lassen wird. Die Hauptzutat der Matelote ist
nämlich Aal, einer der kalorienreichsten Fische auf Gottes weiter Erde. Dieser
wird in einer kräftigen Rotweinsauce zusammen mit Speck und Champignons
gekocht. Nach Diät sieht das nicht aus, keine Frage. Aber köstlich ist es.
Besonders gut gefällt mir, dass der Rotwein den Fisch einfärbt und so ein
ganz neuer visueller Eindruck entsteht.

✳ Pilzzucht in Renaissance-Kellern

Vorbei an Schlössern, Schlössern und Schlössern geht es zur Champignon-
zucht. Diese liegt in einer der unzähligen Höhlen im Berg, aus denen früher
der Tuffstein geschlagen wurde, der helle Stein, aus dem die Schlösser der
Loire errichtet wurden. Bei 14 °C gedeihen die Pilze am besten, standesgemäß
in einem Keller aus dem 17. Jahrhundert.

Grundlage für jede Tuffsteinzucht ist der Kompost, eine Mischung aus Pferdemist und Stroh, bestäubt mit Pilzsporen. Über die Sporen wird eine zerkleinerte Schicht aus Tuffstein und Torf gestreut, unter der die Pilze schnell wachsen. Jeden Tag verdoppeln sie ihre Größe und nach zehn Tagen können sie geerntet werden.

Champignonnière du Saut aux Loups
Madame Régine Biette-Logerais
Route de Saumur à Chinon
49730 Montsoreau
Tel. 00 33 2 41 51 70 30
www.troglo-sautauxloups.com

✳ Der Champignon

Der braune Champignon hat einen intensiveren Geschmack als der weiße. Beim Kauf von Champignons sollten Sie darauf achten, dass sie keine Druckstellen aufweisen, dass die Haut des Hutes glatt ist und dass der Stiel und das Fleisch fest sind. Die Lamellen sollten noch geschlossen sein. Nur dann erhalten Sie auch frische Ware. Sie sollten möglichst schnell verarbeitet werden. Ganz wichtig: Champignons sollten immer erst nach dem Braten gesalzen werden, damit sie kein Wasser ziehen.

✱ Weinbauer seit 14 Generationen

Den Wein erhalte ich bei Pierre Caslot in Restigné, der mich durch seinen fantastischen Weinkeller führt, ein Steinbruch aus dem 11. bis 13. Jahrhundert. Hier wurde für den Bau des Dorfes Stein abgebaut – eine ungeheure menschliche Anstrengung. Und hier schlummern etwa 20 000 Flaschen. Seit 14 Generationen lagert Familie Caslot unter Tage ihre Schätze.

Weine aus Bourgueil sind fast ausschließlich Weine aus der Cabernet-Franc-Traube, dunkel, vollfruchtig und geschmeidig. Monsieur Caslot präsentiert mir eine Auswahl seiner Produkte, darunter einen köstlichen Galichet 1982, über 20 Jahre alt. Zum Kochen des Aals aber wähle ich einen jüngeren Wein, einen zwei Jahre alten.

Domaine de la Chevalerie
Pierre Caslot
7, rue du Peu Muleau
37140 Restigné
Tel. 00 33 2 47 97 37 18
www.membres.lycos.fr/
pierrecaslot/
notredomaine.html

151

✳ Der Aal hat es schwer in Europa

Aale werden mit Reusen, mit einer Art Falle, gefangen, die mit einem Boot abgefahren werden. Die Loire ist einer der letzten wilden Flussläufe in Europa, ohne Staudämme wie an vielen anderen Flüssen, der Rhône zum Beispiel. Die Natur findet hier noch ihre Nischen und es gibt eine interessante Flora zu entdecken.

✳ Der Aal

Aale schlüpfen im Atlantik und wandern dann ins Süßwasser, um dort aufzuwachsen. Zum Ablaichen ziehen die Tiere dann im September zurück in die Flüsse, dorthin, wo sie geschlüpft sind. Die Energie für die lange Reise entnehmen die Aale ihren Fettreserven.

Aufgrund seines extrem hohen Fettgehaltes (30 % der Körpermasse) eignet sich dieser beliebte Speisefisch besonders zum Räuchern. Er schmeckt aber auch gebraten oder gekocht sehr gut.

Es gibt nicht mehr viele europäische Flüsse, die nennenswerte Bestände an Aalen haben. Flussaale gelten als bedrohte Tierart und Experten schätzen, dass sie in 20 bis 30 Jahren ausgestorben sein werden. In der Loire haben sie einen letzten Tummelplatz. Und mit ihnen Fischer wie Nicolas Herault, der nun mit mir unseren Fang von drei Stunden begutachtet. Genug für eine Matelote! Lebend werden die Aale ins Restaurant gebracht, denn sie werden nach einer alten und wirksamen Methode getötet: Sie werden in Salz eingelegt. Das Salz trocknet die Haut aus, und der Aal erstickt.

✳ Aaltopf mit Bourgueil

Zutaten für 4 Personen
1,5 kg Aal
60 g Butter
20 cl Marc des coteaux de la Loire
(ein Tresterbranntwein)
2 Zwiebeln, 1 Stangensellerie, 1 Karotte
1 l Bourgueil (Cabernet Franc)
Lorbeerblätter, 1 zerdrückte Knoblauchzehe,
1 Gewürznelke, Pfefferkörner, Salz
20 kleine Zwiebeln
250 g Champignons
geröstete Croûtons und leicht in Butter
angebratene Speckwürfel

1. Die Aale abziehen und in Stücke
schneiden.

2. Die Stücke in Butter anbraten und mit dem Branntwein flambieren.

3. Die Zwiebel, den Stangensellerie und die Karotte schälen, klein schneiden
und zu den Aalstücken geben.

4. Den Wein angießen. ✳ Die Gewürze hinzufügen, salzen. ✳ Zum Kochen
bringen und etwa 20 Minuten bei schwacher Hitze köcheln lassen.

5. Die 20 kleinen Zwiebeln glasieren, die Champignons klein schneiden
und in Butter anbraten.

6. Die Aalstücke aus dem Sud nehmen, abtropfen lassen und warm stellen. ✳
Die Sauce pürieren und leicht binden. ✳ Den Fisch wieder in die Sauce geben,
die Champignons hinzufügen und 5 Minuten kochen lassen.

7. Den Aaltopf auf vier Suppenteller verteilen und mit Croûtons und
geröstetem Speck bestreuen. ✳ Sofort servieren.

 Nach dem
Anrichten nach
Geschmack
mit Pfeffer würzen.
Hierzu passt ein schön
fruchtiger, mittelschwerer
Rotwein.

 In Frankreich kann
man frischen Aal
in fast allen Fisch-
läden erhalten. In Deutschland wird er leider fast
immer schon geräuchert
angeboten, kann aber sicher
frisch vorbestellt werden.

Paris

... wo ich die Korken knallen lasse

Chère Sarah,
das Ende Ihrer kulinarischen Abenteuer.
Aber Ende gut, alles gut: Ihre letzte
Aufgabe findet in Paris statt, bei
Véronique Mauclerc. Sie serviert Ihnen
Éclairs au Chocolat und ein Paris-Brest.
Zu diesen Leckereien gibt es Champagner
für Überraschungsgäste!

Véronique Mauclerc
83, rue de Crimée
75019 Paris
Tel. 00 33 1 42 40 64 55

Ich hatte mir nicht vorstellen können, was auf meiner kulinarischen Reise noch fehlte – jetzt weiß ich es: Paris. Natürlich.

Über Paris muss ich keine großen Worte verlieren, Paris steht für sich. Jeder kennt, zumindest vom Hörensagen, Notre-Dame, Sacre-Cœur und den Engel der Bastille. Véronique Mauclercs Bäckerei befindet sich im 19. Arrondissement, direkt neben dem schönen »Parc des Buttes Chaumont«. Mit kaltem Schweiß auf der Stirn steuere ich durch den berüchtigten Pariser Verkehr. Regel Nummer 1 im Gewühl: Immer nach vorne schauen, nie zurück. Und Regel Nummer 2: Immer die Ruhe bewahren.

* Pâtissière aus Leidenschaft

Véronique ist klein und zierlich – unglaublich, wenn man bedenkt, dass sie den ganzen Tag inmitten von süßen Leckereien steht. Ich bezweifle, dass ich so viel Disziplin hätte. Schon als Kind hat Véronique gerne genascht und kannte nach dem Abitur nur ein Ziel: Pâtissière werden. Sie wurde als bester Lehrling Frankreichs ausgezeichnet und beglückt heute Pariser Feinschmecker nicht nur mit dem reichhaltigen Paris-Brest, einer Windbeuteltorte mit zarter Nougatcreme zum Dahinschmelzen, nach dem berühmten Fahrradrennen benannt, und dem ebenso sündigen Eclair. Für diesen Beruf, findet sie, braucht man Leidenschaft. Noch bis vor Kurzem ist sie am Wochenende nachts um eins und in der Woche zwischen drei und vier aufgestanden, um Brot und Gebäck zu backen.

Die Eclairs zergehen mir auf der Zunge, und als der Champagnerkorken knallt, fühle ich mich »comme une reine« – wie eine Königin. Die Nougatcreme ist außergewöhnlich fein; ob ich das wohl hinbekomme?

* Darf Champagner beim Öffnen ploppen?

Oder ist ploppen stillos? Joelle Ferrero soll mich aufklären. Zum süßen Gebäck empfiehlt sie mir einen herben Champagner, der nicht zu trocken am Gaumen ist. Den Korken, zeigt sie mir, soll ich nach und nach ziehen, ganz sachte, auch wenn's schwerfällt, und ihn dabei ständig unter Druck halten. Ihn nicht kommen lassen. Und: Er darf nicht knallen. Niemals! Es sei denn, ich habe in der Formel 1 gewonnen ...

Le Cellier de la Butte
113, rue Caulaincourt
75018 Paris

* Ein Paradies für Köche

Für Paris-Brest und Eclairs braucht
man die richtigen Instrumente,
denn schließlich kann man einen
guten Brandteig nicht einfach
zusammenkneten. Bei Familie
Dehillerin im 1. Arrondissement
werde ich fündig – eine wahre
Fundgrube für Kochutensilien
und seit über 100 Jahren die
Anlaufstelle für die Profis der
Zunft. Hier finde ich nicht nur
die Tüllen, um den Paris-Brest in
seine Form zu spritzen, sondern auch
riesige Paddel für ebenso riesige Kochtöpfe,
feuerfeste Schälchen für Crème brûlée,
Brenneisen, Formen für Nonnenfürzchen
(köstlich-fettiges Schmalzgebäck), Ausstechformen in Form des Eiffelturms,
der Oper von Sydney … Jetzt aber schnell raus, wenn ich noch länger hier
bleibe, wird es zu teuer.

E. Dehillerin
Jean Boutersky
1, rue Jean-Jacques Rousseau
75001 Paris
Tel. 00 33 1 42 36 53 13
www.e-dehillerin.fr/index.php

* Die schönste Über-
raschung der Welt

Für heute Abend ist eine
Überraschungsjury angekündigt.
George Clooney wird es nicht
sein … Vielleicht jemand der
mir nahesteht? Oder ein großer
Koch? Ich bin gespannt. Doch
zuerst einmal mache ich mich an
den Brandteig. Véronique backt
ihn in einem außergewöhnlichen
Ofen, aus dem Jahr 1904, mit
Holz erhitzt, vier Meter fünfzig
lang und drei Meter breit.
Hitzebeständige Backsteine
konservieren die Hitze. Von
diesem Ofen gibt es nur noch
vier in Paris!

Brandteig ist eine Kunst, und wieder einmal ist meine Patin so großzügig, ihre Geheimnisse mit mir zu teilen. Doch ob die Nougatcreme genauso fein wird wie bei der Meisterin? Und wird es meiner mysteriösen Jury schmecken? Gespannt öffne ich die Tür.

Ein lautes »Surprise!« schallt mir entgegen. Und was das für eine schöne Überraschung ist! Vor mir stehen viele der Kochpaten, die mich auf meiner kulinarischen Reise durch Frankreich in ihre Geheimnisse eingeweiht haben. Sie hier, in Paris, nach so vielen spannenden, lustigen, aufwühlenden und bewegenden Abenteuern, wiederzusehen berührt mich zutiefst. Mir fehlen die Worte.

Als dann auch noch eine Akkordeonspielerin in die Konditorei kommt und die Titelmelodie der Sendung spielt, ist es um mich geschehen. Mir stehen die Tränen in den Augen. Gemeinsam feiern wir noch lange, singen, schunkeln und genießen Champagner und Eclairs.

* Paris-Brest und Schokoladeneclairs

Für den Brandteig
1 l Wasser
400 g Butter
1 Prise Salz
1 Prise Zucker
600 g Mehl
1 l Eier (ca. 20 Stück)

1. Das Wasser mit der Butter, dem Salz und dem Zucker aufkochen.

2. Das Mehl auf einmal einrühren, bis der Teig sich vom Topf löst. * Vom Herd nehmen und die Eier nach und nach in die Masse einrühren, bis diese flüssig ist. * Dann erkalten lassen.

3. Den abgekühlten Teig in einen Spritzbeutel füllen. * Für den Paris-Brest einen breiten Ring mit beliebigem Durchmesser und für die Eclairs dicke Streifen auf ein Backblech spritzen. * Im Ofen bei 180 °C ca. 35 Minuten backen.

4. Für den Paris-Brest die Brandteigringe abkühlen lassen und waagerecht aufschneiden. * Die untere Hälfte des Brandteigrings mit der vorbereiteten Nougatcreme aus einer Spritztüte füllen und den oberen Teigring auf die Creme setzen. * Mit Puderzucker bestreuen und servieren.

Beim Brandteig-Rühren immer die Richtung wechseln, damit man in alle Ecken kommt. Rühren, bis er eine glatte, flüssige Konsistenz hat. Teig nicht zu stürmisch in den Spritzbeutel füllen.

5. Für die Eclairs, die Teigstreifen ebenfalls waagerecht aufschneiden und die untere Hälfte mit der Schokoladencreme spritzen. Die Deckel wieder auflegen. Zum Schluss die obere Hälfte mit Schokoglasur überziehen.

Beim Backen sollte die Tür des Ofens einen Spalt geöffnet bleiben. Klemmen Sie einfach einen Kochlöffel dazwischen.

✳ Crème Pâtissière

Die Füllung für den Paris-Brest und die Füllung für die Eclairs basieren wie viele französische Nachspeisen auf einer Crème Pâtissière, eine Art Vanillecreme, die man nach Bedarf mit Kakao, Kaffee oder mit einem anderen Geschmack verfeinern kann.

1 l Milch	Die Milch mit 50 g Zucker aufkochen. ✳ Den restlichen Zucker mit dem Puddingpulver und den Eiern verrühren. ✳ Die kochende Milch auf diese Mischung gießen, wieder aufs Feuer stellen und aufkochen lassen. ✳ Sofort vom Herd nehmen und abkühlen lassen.
250 g Zucker	
100 g Puddingpulver	
(oder Maizena)	
3 Eier	

Für die Nougatcreme für den Paris-Brest zusätzlich

600 g Nougat	300 g der kalten Crème Pâtissière mit dem Schneebesen glatt rühren und den Nougat unterrühren. ✳ Zum Schluss die weiche Butter unterrühren, sodass eine glatte, feste Creme entsteht, und in die Brandteigringe füllen.
300 g weiche Butter	

Für die Schokoladencreme für die Eclairs zusätzlich

10 bis 15 g Kakao	In die kalte Creme nach Geschmack 10 bis 15 g Kakao pro kg Creme einrühren. ✳ Die Eclairs mit der Schokoladencreme füllen.
pro kg Creme	

Danksagung

Am Schluss, in Paris, als das Rückflugticket ausgestellt war und ich noch
einmal einige meiner Kochpaten sehen durfte und umarmt habe, war
mir elendiglich zumute ... für mich waren die Reise- und Kochabenteuer
weit mehr als Dreharbeiten, die man zu absolvieren hat. Es war eine
intensive Lebenszeit, in der ich das Glück hatte, spannende und lehrreiche
Dinge erleben zu dürfen. Zu der Trauer, dass ich meine neuen Freunde
so schnell wieder verlassen musste, ist noch eine andere Trauer hinzu-
gekommen – nämlich die, mich von meinem Drehteam verabschieden
zu müssen. Ich reiste ja nicht allein, sondern mit Malika, der Produktions-
und Herstellungsleiterin, mit Gaelle, die die Aufnahmeleitung machte,
Pascal, dem Tonmann, Ralf, Martin und Frank, unseren Kameramännern,
und Natalie, der Regisseurin. Wir waren nach anfänglichen Reibereien
eine glückliche kleine Familie, die auch noch in der letzten trüben Gast-
stätte auf der Autobahn sich selbst hatte. Wir waren wie eine Karawane,
die durch unbekannte Landschaften zog und am Tagesende müde und
erschöpft und zufrieden war, bei einer guten Flasche Rotwein zusammen
zu sein.

Ab und zu – na gut: eher regelmäßig als selten – haben wir uns gegenseitig hochgenommen, uns ins Wasser geschmissen oder Witze übereinan-
der gemacht. Es war schön! Malika und Gaelle haben oft für uns gekocht
(ich musste natürlich auch mal ran, aber das kam eher selten vor) und die
Jungs haben den Grill befeuert und den Tisch gedeckt ...

Am Ende sind es viele Menschen, denen ich zu danken habe: meinen
Kochpaten, den Hotelbesitzern, meinem Dreamteam, der gesamten Pro-
duktionsabteilung von zero one in Berlin (Recherche, Logistik, Schnitt),
Jens für seine schönen Melodien und Friedemann für seine lustigen
Animationen. Volker Heise, meinem Entdecker, Konzeptionisten, Ideen-
geber und Visionär, möchte ich ganz besonders danken. Ohne ihn würde
es mich im Gutshaus und in Frankreich nicht geben. Und meinem Sohn
Artur, der oft auf mich verzichten musste und den ich oft vermisst habe.

Ganz besonders möchte ich mich aber bei meiner Freundin Malika
Rabahallah bedanken! Sie ist nicht nur oberste Unterstützerin der Serie
und Kindermädchen für mich gewesen, sondern hat mich auch tatkräftig
bei diesem Buch unterstützt – und mir somit eine Erinnerung geschenkt,
die ich jeden Tag anfassen kann. Vielen Dank dafür!